I0018069

Copyright Janine ARALDI 2016 - Tous droits réservés
Edition septembre 2018

Excel 2013 – 2016

Initiation

Fichiers téléchargeables

Les fichiers de manipulations cités dans cet ouvrage sont téléchargeables sur Internet. Pour y accéder, procédez comme suit :

- lancer votre navigateur internet
- saisir ou copier-coller dans la barre d'adresses de votre navigateur (encadré rouge) le lien indiqué dans la description de l'ouvrage (description disponible sur le site Amazon)
- la liste des fichiers utilisables s'affiche

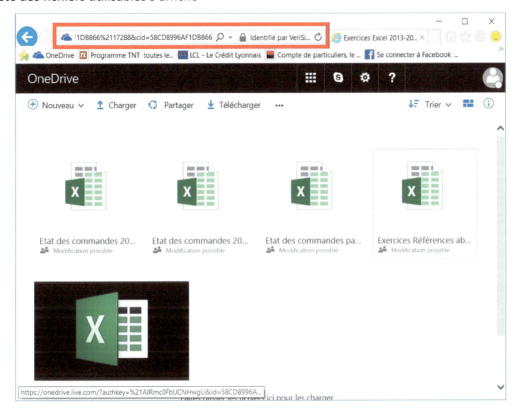

- Pour télécharger un fichier, cliquer droit sur son nom puis cliquer sur **Télécharger** ou sur **Download** ; vous pouvez également le sélectionner (coche en haut à droite du fichier) et utiliser le bouton **Télécharger** disponible dans l'interface du site.

TABLE DES MATIERES

Information _____ **9**

Symboles _____ **9**

Quelques informations indispensables avant de commencer _____ **10**

    A quoi sert Excel ? _____ 10

    Le clavier principal _____ 10

    Le clavier secondaire et son pavé numérique _____ 11

    Utiliser la souris _____ 12

    Le curseur _____ 12

    Le bouton Annuler _____ 12

Lancer et quitter Excel _____ **13**

    Quitter Excel _____ 14

    Lancer Excel par un raccourci _____ 14

La fenêtre Excel _____ **15**

    Réduire / Développer le ruban _____ 16

Premiers pas _____ **17**

    Se déplacer dans une feuille de calcul _____ 19

    Saisir dans une cellule _____ 20

    Corriger sa saisie _____ 21

Enregistrer un fichier Excel _____ **21**

    Enregistrer un nouveau fichier _____ 21

    L'enregistrement sur OneDrive _____ 23

    Enregistrer un classeur existant _____ 24

    L'enregistrement automatique _____ 24

Rouvrir un fichier existant _____ **25**

    Ouvrir un fichier au lancement d'Excel _____ 25

    Lorsque qu'Excel est déjà ouvert _____ 26

Créer un nouveau classeur _____ **26**

Saisie et sélection _____ **27**

    Sélectionner dans une feuille _____ 27

    Les aides à la saisie _____ 28

L'environnement Excel _____ **30**

    La barre d'outils Accès rapide _____ 30

    Le ruban et ses onglets _____ 32

    Les barres de défilement _____ 34

    La barre d'état _____ 34

Créer un tableau _____ **34**

    Méthode de création d'un tableau Excel _____ 35

    Les Formules de calcul _____ 36

    Quelques calculs à connaître _____ 44

Mise en forme du tableau Excel _____ **48**

    Mise en forme de la police et alignements _____ 49

    Mise en forme des nombres _____ 51

Les bordures	52
Ajouter une couleur de remplissage aux cellules	55
Reproduire une mise en forme	56
Effacer toutes les mises en forme	56
La mise en forme par les styles de cellules	57
Largeurs de colonnes et hauteurs de lignes	58
L'impression du tableau	**65**
La Mise en page	67
L'en-tête et le pied de page	73
L'impression	77
Classeur, feuille, pages quelques éclaircissements…	**78**
La gestion des feuilles de calculs	**79**
Onglets et navigateur	79
Défilement des feuilles	80
Insérer une nouvelle feuille	80
Supprimer une feuille	80
Renommer une feuille	81
Déplacer ou copier une feuille	81
Travailler sur un groupe de travail	83
Ajouter / Supprimer lignes et colonnes	**84**
L'impression vers un fichier PDF	**85**
Les fonctions statistiques	**87**
La fonction MOYENNE	89
La fonction NB	90
Les fonctions MIN et MAX	91
La recopie de formules	**91**
Les références absolues de cellules	93
Nommer les cellules	**96**
Pour modifier ou supprimer un nom	98
Visualiser et Imprimer les formules dans Excel	**98**
Afficher les formules	98
Imprimer les en-têtes des lignes et des colonnes	99
Les graphiques	**100**
Définition	100
La source du graphique	100
Les différents types de graphique	100
Créer un graphique	101
Déplacer un graphique	102
Redimensionner le graphique	103
Supprimer un graphique	104
Identifier les principaux éléments d'un graphique	104
Personnaliser un graphique	107
Les onglets contextuels de graphiques	111
Aller plus loin avec les graphiques	**113**
Modifier la forme d'histogramme (cylindres, pyramides)	114

Modifier rapidement la source du graphique _____ 114

Modifier l'échelle de l'axe des abscisses _____ 116

Modifier la vue 3 D _____ 117

Modifier un point de données d'une série _____ 117

Les options d'enregistrement _____ **118**

Le format d'enregistrement des fichiers _____ 118

Marquer le fichier comme final _____ 120

Méthodes d'apprentissage disponibles _____ **121**

Information

Ce document est un **manuel d'auto-apprentissage pour Excel version 2013-2016** qui vous permettra de progresser de façon autonome. Vous y trouverez des informations générales en fonction des thèmes abordés et des consignes à reproduire. A la fin d'un ensemble de procédures, il vous est proposé de valider celles-ci par la réalisation d'une évaluation.

Symboles

 Ce petit symbole indique un conseil.

 Cette information « expert » vous **permet d'aller plus loin** dans la fonctionnalité abordée. Si vous êtes débutant, ces passages risquent de vous paraître obscurs, leur lecture peut être différée à la fin de votre apprentissage du module en cours.

 Faites attention, cet avertissement vous donne une nuance dans la manipulation à effectuer.

Quelques informations indispensables avant de commencer

A quoi sert Excel ?

Excel est un logiciel dédié au calcul capable de gérer des données chiffrées, d'effectuer des calculs et de réaliser des graphiques. Ce programme s'appelle un **tableur** et il en existe d'autres sur le marché.

Le tableur le plus utilisé, et celui que nous vous proposons d'apprendre ici, s'appelle *Excel*. Plus précisément *Excel 2016* ou *Excel 2013*, les chiffres représentant les versions des logiciels, à savoir leur année de commercialisation.

Excel est un programme, ou logiciel, développé et commercialisé par la société *Microsoft*. Excel s'achète souvent en même temps que d'autres programmes de Microsoft (traitement de texte *Word*, logiciel de présentation *PowerPoint*...) et à ce titre, il fait partie de ce que l'on appelle le « *pack Microsoft Office* ».

Notez que l'image, ou icône, qui symbolise le programme Excel sur un ordinateur est un

X sur fond vert tel que représenté ci-contre.

De même, les fichiers créés par Excel sont symbolisés par le même icône en forme de **X** vert ; dans l'image ci-dessous, vous pouvez voir deux fichiers Excel dans la liste de fichiers.

- Contrat type.docx
- Etat des commandes 2015.xlsx
- Etat des commandes 2016.xlsx
- Normal template.pptx
- Nouveaux locaux.pptx
- Programme de cours 2014.docx

Vous remarquerez également les quatre dernières lettres précédées d'un point, visibles à la fin de nom des fichiers. Pour les fichiers excel, il s'agit des lettres *.xlsx*, représentant ce que l'on appelle l'*extension* des fichiers.

Il s'agit en quelque sorte d'une « signature » ajoutée par le programme Excel. Si vous devez renommez votre fichier, et que l'extension est visible, il convient de ne pas la modifier sous peine de ne plus pouvoir ouvrir votre fichier. A noter que les extensions des fichiers peuvent être masquées selon les réglages Windows en cours sur l'ordinateur.

Le clavier principal

En Excel comme pour tous les autres logiciels, le clavier sera sans doute le premier outil que vous devrez utiliser. Il convient donc, si vous êtes débutant, de vous familiariser avec lui et ses différentes touches.

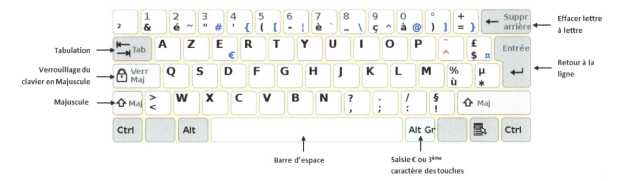

Minuscule, Majuscule et Alt Gr

Certaines des touches du clavier ont plusieurs caractères, comme par exemple la touche à @ . Voici comment saisir chacun des caractères :

- Le caractère du bas (ici le **à**) s'obtient lorsque le clavier est en minuscule
- Le caractère du haut (ici le **0**) s'obtient lorsque le clavier est en majuscule (touche *Majuscule* enfoncée ou touche *Verrouillage du clavier en majuscule* activée)
- Le troisième caractère (ici le **@**) s'obtient lorsque la touche *Alt Gr* du clavier est enfoncée

Le clavier secondaire et son pavé numérique

Hormis sur certains ordinateurs portables, le clavier dispose également d'une seconde partie sur sa droite, qui contient elle aussi des touches importantes à ne pas négliger.

En travaillant sous Excel, vous pourrez tout particulièrement utiliser le *pavé numérique* pour saisir facilement et rapidement vos chiffres et les opérateurs de calcul.

 *Selon les réglages effectués dans le panneau de configuration Windows, peut-être pouvez-vous saisir une virgule en utilisant la touche **Suppr** en bas à droite du pavé numérique de votre clavier. Essayez...*

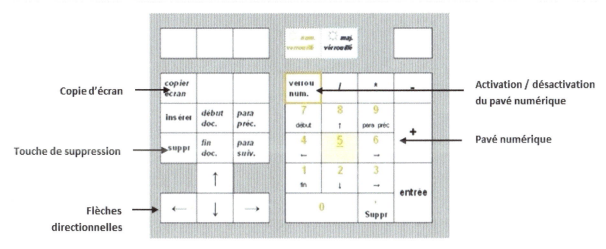

- **Les flèches directionnelles :** elles permettent de se déplacer de cellule en cellule ou, si vous avez commencé à saisir dans une cellule, de déplacer le curseur (petite barre verticale clignotante) dans le texte pour vous placer correctement avant de poursuivre votre saisie ou de la corriger.
- **La touche de suppression :** sous Excel, la touche *Suppr* permet de vider la ou les cellules sélectionnées ou, si vous êtes en cours de saisie dans une cellule, d'effacer le caractère qui se trouve à droite du curseur
- **La copie d'écran :** permet de « photographier » l'écran comme par un « copier » ; il suffit ensuite de « coller » (*Ctrl + V*) dans un fichier Word ou Excel par exemple pour récupérer l'image.

Utiliser la souris

Si vous avez observé votre *souris*, vous aurez certainement remarqué qu'elle disposait de deux boutons. Sauf instruction contraire explicite, vous devez toujours utiliser le bouton de gauche pour effectuer vos clics.

Cliquer : appuyer brièvement sur le bouton gauche de la souris et le relâcher.	**Double cliquer :** appuyer 2 fois rapidement sur le bouton gauche de la souris et le relâcher.	**Cliquer droit :** appuyer un fois brièvement sur le bouton droit de la souris et le relâcher. Une liste de commandes s'affiche, nommée « *menu contextuel* » car elle diffère selon l'élément sur lequel est effectué le clic droit.	**Cliquer-glisser :** maintenir le bouton gauche de la souris enfoncé et faire glisser sa souris sans relâcher le bouton. Permet par exemple de sélectionner plusieurs cellules.

Le curseur

Le *curseur* est une **petite barre verticale noire** clignotante qui vous permet de connaître l'endroit où s'inscrit ce que vous êtes en train de saisir au clavier. A noter que sous Excel, le curseur ne devient visible que lorsque vous commencez votre saisie dans une cellule.

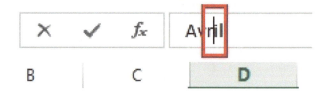

Le bouton Annuler

Quelles que soient les erreurs que vous commettrez durant vos manipulations, il en est peu qui soient irrémédiables si vous pensez à utiliser le bouton « **magique** » d'annulation .

Ce bouton, que vous trouverez dans la ***barre d'outils Accès rapide*** située en haut à gauche de votre écran, vous permet d'annuler la plupart des actions que vous auriez commises par erreur.

Si vous êtes débutant, et même moins débutant, aucun doute que vous commettrez un certain nombre d'erreurs durant votre parcours. Alors surtout, **repérez bien ce bouton** et n'hésitez pas à l'utiliser si cela ne se passe pas tout à fait comme vous l'auriez voulu !

Lancer et quitter Excel

Lorsque vous allumez un ordinateur, le logiciel Excel n'est pas immédiatement disponible à l'écran. C'est normal, puisque vous pourriez avoir allumé votre ordinateur pour bien autre chose que des tableaux, comme par exemple écrire un courrier ou surfer sur Internet.

C'est donc à vous de demander à lancer Excel si vous souhaitez vous en servir.

- Cliquez en bas à gauche de l'écran sur le bouton ***Démarrer*** 🪟 ou ▣ de ***la barre des tâches***
- Dans la liste qui s'affiche au-dessus du bouton ***Démarrer***, cliquez sur le programme ***Excel***

Si Excel n'apparaît pas dans le liste (ce qui signifie qu'il n'a jamais encore été lancé), procédez comme suit :
- Cliquez sur le bouton ***Démarrer*** puis cliquez dans la zone de recherche qui s'affiche juste au-dessus ou à la droite du bouton
- Saisissez le mot ***Excel*** pour lancer la recherche puis cliquez sur l'icône ***Excel*** qui s'affiche dans la liste de résultats de la recherche.

- La fenêtre ci-dessous s'ouvre à l'écran
- Cliquez sur l'icône ***Nouveau classeur*** pour créer un nouveau fichier Excel.

- Une fenêtre telle que celle ci-dessous s'affiche à l'écran, que vous pourriez utiliser pour créer un nouveau tableau par exemple

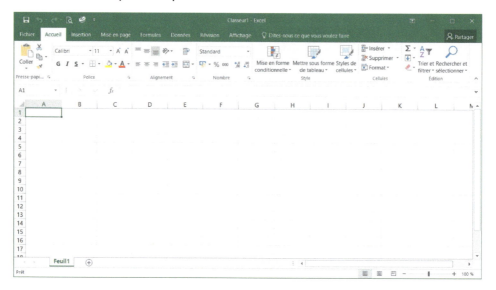

Quitter Excel

Nous allons apprendre maintenant à refermer cette fenêtre. Remarquez en haut à droite de ce que l'on appelle la *Barre de titre* de la fenêtre, les trois derniers boutons affichés .

Cliquez sur le bouton en forme de croix pour refermer la fenêtre et quitter Excel.
Très bien, voyons à présent une seconde méthode généralement disponible pour démarrer Excel.

Lancer Excel par un raccourci

Bien souvent, les informaticiens chargés d'installer les programmes sur l'ordinateur auront fait en sorte que vous y trouviez un *raccourci* pour lancer plus rapidement ceux que vous utilisez souvent.

Donc, cherchez l'icône d'Excel en bas de votre écran, sur la *barre des tâches Windows* qui s'affiche sur la droite du bouton *Démarrer* . Si vous visualisez l'icône, cliquez simplement une fois dessus pour démarrer Excel.

A noter que vous pouvez également trouver l'icône d'Excel sur le *Bureau Windows*, à savoir le premier écran affiché au démarrage de l'ordinateur.

Quelle que soit la méthode d'ouverture d'Excel choisie, la fenêtre Excel s'ouvre. Cette fois encore, nous ne sommes pas prêts à commencer notre saisie ; cliquez sur la croix ✕ en haut à droite pour refermer la fenêtre sans rien modifier.

Comme nous l'avons vu, il est très simple de quitter Excel en cliquant sur le bouton de fermeture ✕ . Nous allons maintenant tester une autre méthode : bien sûr, pour ce faire, il nous faut à nouveau lancer Excel (utilisez pour cela l'une des méthodes expliquées ci-dessus). Créez un nouveau classeur puis, une fois le fichier Excel affiché à l'écran, effectuez l'opération suivante :

- Repérer en haut à gauche de la fenêtre l'onglet *Fichier*.

- Cliquez dessus, puis dans la liste qui s'affiche à l'écran, cliquez sur Fermer

 *Pour les fans des raccourcis clavier, la combinaison de touches **Alt** + **F4** permet également de refermer la fenêtre Excel (maintenez la touche **Alt** enfoncée et appuyez brièvement sur la touche de fonction **F4**).*

La fenêtre Excel

Nous sommes prêts à commencer à étudier notre programme. Utilisez la méthode de votre choix pour relancer Excel et créer un nouveau fichier vierge. Il nous faut maintenant regarder de plus près la fenêtre Excel avant de nous lancer dans notre premier tableau. Pour faire simple, on peut dire que la fenêtre Excel se décompose en 3 parties :

- le haut de la fenêtre, qui contient un bandeau appelé *ruban* ❶ sur lequel se trouvent tous les outils nécessaires pour travailler vos tableaux

- la *feuille de calcul* ❷ avec ses *cellules*, dans lesquelles vous effectuez votre saisie de texte, de nombres ou de formules

- la *barre de formule* ❸ , dans laquelle s'affiche le contenu de la cellule sélectionnée

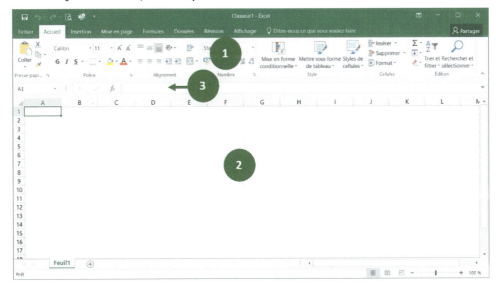

Le *ruban*, qui s'étale sur toute la largeur de la fenêtre Excel, est composé de plusieurs *onglets*, depuis l'onglet *Fichier* jusqu'à l'onglet *Affichage* ou *Développeur* selon le cas. Chaque onglet contient des outils permettant de travailler le tableau qui sera saisi, soit au niveau de son aspect, soit au niveau de son impression, soit encore pour y ajouter des images ou des graphiques.

Pour vous simplifier la recherche du bon outil, ces derniers sont regroupés par finalité. Ainsi, vous trouverez dans l'onglet *Accueil*, le plus utilisé de tous, les commandes qui vous permettront d'embellir vos tableaux, tandis que toutes les commandes nécessaires à une bonne impression sur le papier se retrouvent dans l'onglet *Mise en page*.

Vous apprendrez à les connaître et les utiliser au fur et à mesure que vous avancerez dans ce manuel.

Pour l'instant, contentez-vous de visiter les onglets en cliquant (un simple clic suffit) par exemple sur les plus importants d'entre eux : l'onglet *Accueil* bien sûr, puis l'onglet *Insertion*, puis l'onglet *Mise en page* et enfin l'onglet *Affichage* (vous pouvez ignorer les autres, qui ne vous concerneront que bien plus tard).

Réduire / Développer le ruban

Le ruban est indispensable pour travailler vos tableaux. Vous pouvez malgré tout choisir de le masquer partiellement (par exemple pour visualiser davantage de données à l'écran) en masquant ses boutons.

Pour ce faire, cliquez sur le bouton *Réduire* ^ visible tout à fait à droite du ruban.

Une fois réduit, le ruban prend l'aspect suivant :

Après réduction, seuls les onglets du ruban restent visibles. Pour accéder aux boutons, vous devez cliquer sur l'onglet correspondant, qui affichera provisoirement son contenu avant de se réduire à nouveau.

Pour redévelopper le ruban, cliquez sur le bouton *Options d'affichage du ruban* 🔼 situé en haut à droite de la fenêtre et choisissez *Affichez les onglet et commandes.*

Veillez à n'effectuer qu'un simple clic lorsque vous changez d'onglet. En effet, un double-clic revient à demander la réduction du ruban. Si le ruban est déjà réduit, double-cliquer à nouveau sur un onglet pour réafficher le ruban complet.

Votre petite visite des onglets terminée, portez votre regard sur la gauche du ruban. Vous y trouvez l'onglet *Fichier*. Cliquez dessus : vous verrez apparaître une liste contenant les options qui vous permettront de gérer le classeur lui-même et non pas son contenu.

Ainsi, vous trouverez la commande permettant d'enregistrer votre classeur, celle vous permettant de l'imprimer ou encore celle par laquelle vous pourrez le partager en l'envoyant par messagerie. Vous y trouverez aussi moyen de créer un nouveau classeur ou de rouvrir un classeur déjà créé.

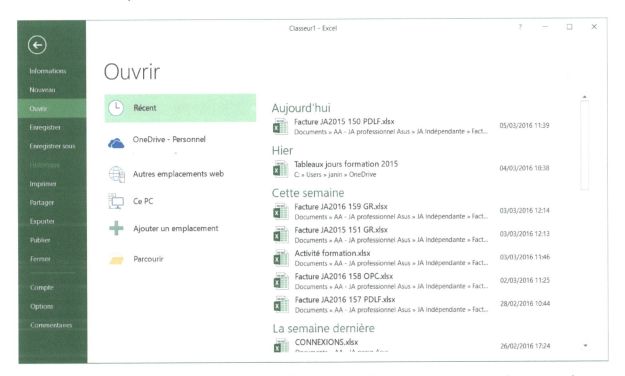

L'onglet *Fichier* est donc un outil capital dans l'utilisation d'Excel, dont nous ne tarderons pas à nous servir.

Pour l'instant, refermez l'onglet *Fichier* en cliquant sur la flèche ![flèche] située en haut à gauche de la fenêtre : vous revenez à l'onglet *Accueil* (ou à tout autre onglet actif au moment où vous avez cliqué sur l'onglet *Fichier*)

Cette première introduction rapide effectuée, il est temps à présent de réaliser une première saisie dans une feuille de calcul Excel.

Pour cela, créez un nouveau classeur vierge (au besoin, quittez et relancez Excel).

Premiers pas

Dans cette étape, vous allez faire quelques manipulations pour comprendre l'organisation d'un classeur et de ses feuilles, afin de prendre vos repères avant la création de votre premier tableau.

Lorsque vous créez un nouveau *classeur* (ou fichier), Excel vous positionne automatiquement sur la première cellule (cellule **A1**) de la première feuille du classeur (**Feuil1**, visualisable en bas à gauche de l'écran). Une seule feuille vous est proposée par défaut à la création d'un nouveau classeur, mais vous pouvez en créer de nouvelles d'un simple clic sur le bouton *Nouvelle feuille* ⊕ affiché à droite de l'onglet **Feuil1**.

Peut-être vous demandez-vous l'utilité de pouvoir cumuler plusieurs feuilles dans un même fichier Excel ? Elle n'est pas moindre : vous pouvez ainsi regrouper plusieurs tableaux ayant un lien entre eux : dans le classeur **CA 2015** par exemple, les douze tableaux mensuels de votre chiffre d'affaires (Janvier, Février, Mars…) et une treizième feuille contenant le tableau récapitulatif de l'année.

Ou les relevés de frais de vos quinze commerciaux avec une feuille par commercial. Ou encore la liste des achats de vos clients et les tableaux statistiques de synthèse s'y rapportant…

Vous apprendrez plus loin dans ce manuel comment gérer les feuilles : les renommer, les supprimer ou les recopier…

Revenons à notre feuille active : vous aurez sans doute déjà repéré que la feuille est quadrillée en lignes et colonnes. Les colonnes sont référencées alphabétiquement (A, B, C…) et les lignes sont référencées numériquement (1, 2, 3…).

Au croisement d'une ligne et d'une colonne se trouve une *cellule*, dont la *référence* est la conjugaison de la référence de la colonne et de la ligne (A1, A2, B3, G5…). Ainsi, au croisement de la colonne **C** et de la ligne **8** se trouve la cellule référencée **C8**.

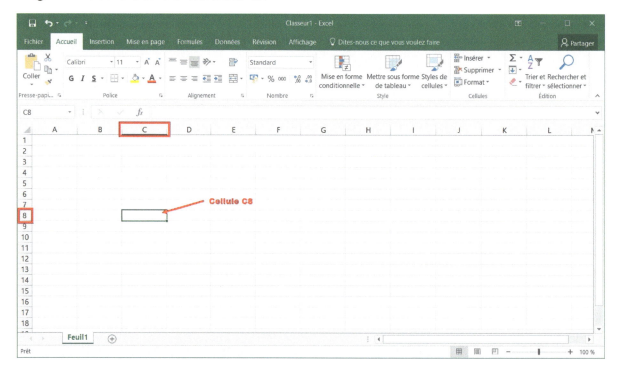

Pour information, sachez qu'une feuille de calcul Excel est composée de plus d'un million de lignes sur 16 384 colonnes. Curieux de voir cela ? Vous pouvez le vérifier de la façon suivante :

- Dans votre feuille vide de toute saisie, cliquez une fois sur la cellule **A1** (la première cellule)
- Pressez et maintenez enfoncée la touche *Ctrl* du clavier et appuyez une fois sur la touche *flèche directionnelle Bas* du clavier : Excel se positionne sur la dernière ligne de la feuille.

  Pour remonter rapidement à la première ligne, procédez de la même façon mais en utilisant cette fois la *flèche directionnelle Haut*.

  | 1048570 |
  | 1048571 |
  | 1048572 |
  | 1048573 |
  | 1048574 |
  | 1048575 |
  | 1048576 |

- Pour aller vous positionner sur la toute dernière colonne de la feuille, la procédure ne change pas : maintenez la touche *Ctrl* du clavier enfoncée et appuyez une fois sur la touche *flèche directionnelle Droite* du clavier (ou gauche pour revenir en début de feuille).

  | XFB | XFC | XFD |

  Les numéros de colonnes se terminent à **XFD**.

Pourquoi une telle profusion de lignes et de colonnes ? Pas pour les tableaux, bien sûr, mais pour les listes de données qui peuvent comporter un très grand nombre d'informations. Lorsque nous utilisons une feuille pour un tableau, nous ne nous servons généralement que d'une infime partie de la feuille.

Se déplacer dans une feuille de calcul

Les déplacements dans une feuille de calcul Excel peuvent s'effectuer de différentes façons :

Se déplacer avec la souris

Si vous faites glisser votre souris sans cliquer sur la feuille Excel, vous verrez votre pointeur prendre la forme d'une croix blanche ✚ : il s'agit du *pointeur de sélection*. Pour sélectionner une cellule, visez le centre de la cellule et cliquez lorsque votre pointeur prend la forme d'une croix blanche ✚.

Sélectionnez par exemple la cellule **B2** en cliquant dessus. Que se passe-t-il ?

- ✓ *La cellule sélectionnée (ou cellule active) est entourée de vert*
- ✓ Les *en-têtes* respectifs de la ligne 2 et de la colonne **B** se teintent en gris plus sombre et en gras
- ✓ *La **zone de nom** (située au-dessus de la colonne A) vous indique que vous êtes bien sur la cellule **B2***

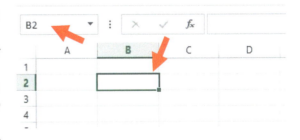

Se déplacer avec le clavier

Alternativement à la sélection par la souris, vous pouvez utiliser les quatre flèches directionnelles de votre clavier :

→	Déplacement sur la cellule de droite
←	Déplacement sur la cellule de gauche
↓	Déplacement sur la cellule inférieure
↑	Déplacement sur la cellule supérieure

Saisir dans une cellule

Dans Excel, toute saisie se fait dans une cellule. Elles peuvent vous sembler étroites, mais vous apprendrez par la suite à les agrandir en fonction de vos besoins. La saisie des données ou des formules de calcul se fait de la façon suivante :

- **Cliquer sur la cellule** (par exemple, cliquez sur la cellule **A1**, la première cellule en haut à gauche)
- **Saisir les données** (par exemple, saisissez RESULTAT)
- **Valider** en appuyant une fois sur la touche *Entrée* du clavier

La validation de la saisie effectuée dans la cellule est <u>impérative</u>. On valide en appuyant sur la touche *Entrée* du clavier ou en cliquant sur le bouton ✓ situé dans la *barre de formule* au-dessus des colonnes (attention, ce bouton n'est plus visible si vous avez déjà validé). Dernière possibilité, si vous souhaitez poursuivre votre saisie sur la cellule de droite, vous pouvez également valider en utilisant la touche *Tabulation* du clavier.

A l'inverse, si vous ne voulez pas valider votre saisie, vous pouvez y renoncer par la touche *Echap* du clavier ou par le bouton ✕ dans la *barre de formule* au-dessus des colonnes.

Saisissez les données ci-contre, en prenant soin de valider chaque saisie par *Entrée* au clavier :

	A	B	C	D
1	RESULTAT			
2		2010	2011	
3	PARIS	234	211	
4	RENNES	145	123	
5				

Exercice

Cliquez sur le bouton *Nouvelle feuille* ⊕ en bas de l'écran Excel pour créer une nouvelle feuille vierge. Saisissez le tableau suivant dans la nouvelle feuille en veillant à reproduire la faute d'orthographe en cellule **C1** :

	A	B	C
1		Trimestre 1	Trimesstre 2
2	Tokyo	10	12
3	New York	20	24
4	Sidney	30	36
5	Paris	40	48

Corriger sa saisie

Par défaut, Excel est en mode **remplacement** et non pas en mode insertion, c'est-à-dire que si vous cliquez sur une cellule et effectuez une saisie au clavier, le précédent contenu de la cellule sera effacé pour être remplacé par la nouvelle saisie. Si vous voulez rectifier ou compléter une saisie, procédez comme suit :

- Vous avez précédemment saisi le mot **Trimesstre** en cellule **C1**
- Cliquez une fois sur la cellule puis cliquez dans la barre de formule située au-dessus des colonnes (ou double-cliquez sur la cellule). Le curseur clignote dans la barre de formule ou à l'intérieur de la cellule (veiller à le positionner devant ou derrière le **S** à effacer)
- Appuyez sur la touche *Suppr* ou sur la touche d'effacement ← pour effacer le **S** superflu
- Validez par la touche *Entrée* du clavier

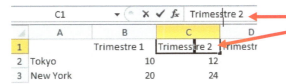

Il est temps à présent d'enregistrer ce premier classeur et ses deux tableaux.

Enregistrer un fichier Excel

En informatique, tout ce qui se crée doit être sauvegardé par un *enregistrement* sous peine d'être perdu à jamais. Schématiquement, enregistrer consiste à « graver » sur un support physique bien concret (disque dur, clé USB, CD...) ce qui réside dans la mémoire de travail (appelée *mémoire vive*) de votre ordinateur. C'est un peu la différence que l'on pourrait faire en la parole et un écrit (vous savez, l'une qui s'envole et l'autre qui reste ?).

Ici, nous venons de créer notre classeur et il n'a donc jamais été enregistré. Puisqu'il s'agit d'un premier enregistrement, il va nous falloir indiquer deux informations :

- **l'endroit** où nous souhaitons stocker notre fichier (dans quel dossier), ce qui nous permettra de savoir où aller le chercher quand nous l'aurons refermé et voudrons le rouvrir
- quel **nom** nous voulons lui donner, ce qui nous permettra de l'identifier et le distinguer des autres classeurs Excel

Comme vous pouvez l'imaginer, chaque information est importante et il vous revient de veiller à ne pas enregistrer votre fichier n'importe où et sous n'importe quel nom, sous peine de ne plus le retrouver la prochaine fois que vous voudrez l'ouvrir.

 A noter que lorsque vous enregistrez, vous enregistrez le classeur lui-même et donc toutes les feuilles que vous avez créées à l'intérieur (deux dans notre cas).

Enregistrer un nouveau fichier

Votre classeur est ouvert à l'écran. Pour l'enregistrer, suivez la procédure suivante :

- Cliquez sur l'onglet *Fichier*, puis cliquez sur **Enregistrer**
- Une première fenêtre d'enregistrement s'ouvre à l'écran. Cliquez sur *Ordinateur* puis le bouton *Parcourir*.

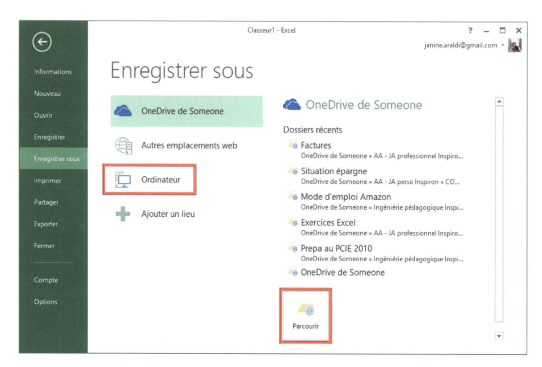

Observez bien l'écran qui suit, que vous retrouverez à chaque fois qu'il s'agira d'enregistrer un nouveau classeur pour la première fois :

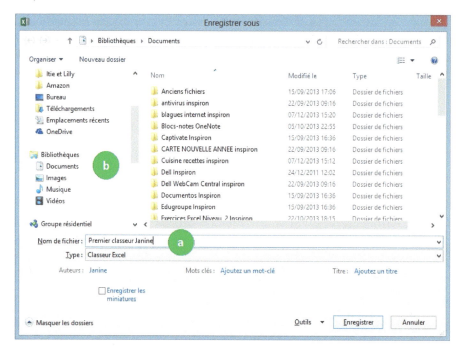

- Le nom du fichier doit être saisi dans la zone *Nom de fichier* **a** ; effacez le nom proposé par défaut et saisissez **Premier classeur VotrePrénom**.

- Vous devez maintenant utiliser la liste de gauche **b** pour sélectionner le *dossier de rangement* dans lequel doit être rangé votre fichier.

- Utilisez la flèche ˇ pour descendre dans la liste à gauche jusqu'à visualiser le lecteur souhaité et cliquez dessus.

- Dans la partie droite de la fenêtre, cherchez le dossier d'enregistrement souhaité et <u>double-cliquez</u> dessus ; vérifiez que votre double-clic a bien fonctionné et que votre dossier figure bien dans la ligne d'adresse en haut de la fenêtre

- Une fois le nom et l'emplacement corrects, vous pouvez valider vos choix en cliquant sur le bouton [Enregistrer] situé en bas à droite de la fenêtre d'enregistrement, qui se refermera aussitôt.

Regardez en haut dans la barre de titre de la fenêtre Excel. Le nom que vous venez de donner à votre classeur apparaît, suivi du nom du programme utilisé... Excel, bien sûr !

 L'enregistrement peut également être lancé d'un simple clic sur le bouton **Enregistrer** 🔲 de la barre d'outils **Accès rapide** située sur la gauche et au-dessus du ruban.

Le premier enregistrement n'est que le premier pas : après cela, il vous faudra régulièrement enregistrer votre fichier lorsque vous lui apporterez des modifications.

L'enregistrement sur OneDrive

Une autre forme d'enregistrement un peu particulière est proposée par Microsoft (qui est, rappelons-le, l'éditeur d'Excel) : l'enregistrement dans un dossier accessible par connexion Internet.

Il s'agit en fait d'utiliser un site Internet nommé *OneDrive* (https://onedrive.live.com) pour créer vos dossiers et y stocker vos fichiers dans la limite de place allouée (gratuitement) par Microsoft après inscription. On parle de « *Nuage* » ou de « *Cloud* ».

L'avantage par rapport à un enregistrement sur un disque local ou réseau ? Il semblera plus évident aux personnes nomades changeant régulièrement d'ordinateur : elles peuvent ainsi toujours accéder à leurs fichiers depuis tout ordinateur disposant d'une connexion Internet.

Enregistrer un classeur existant

Admettons que vous ayez déjà enregistré un classeur et qu'après l'enregistrement, vous y apportiez des modifications. Vous voudrez alors l'enregistrer de nouveau pour ne pas perdre vos nouvelles modifications.

Créez par exemple une troisième feuille dans votre classeur **Premier classeur VotrePrénom** et en cellule **A1**, saisissez votre prénom. Nous voulons maintenant réenregistrer notre fichier pour que l'ancienne version précédemment créée durant notre premier enregistrement soit remplacée par la nouvelle version avec cette nouvelle donnée.

Réenregistrer le classeur se fait exactement de la même façon que pour le premier enregistrement : vous pouvez passer par la commande *Enregistrer* du ruban (onglet *Fichier*) ou par le bouton *Enregistrer* 💾 de la barre d'outils *Accès rapide*. Choisissez l'une ou l'autre des méthodes pour lancer l'enregistrement de votre fichier.

Que se passe-t-il ? Rien de très visible, en fait : puisqu'il ne s'agit plus d'un premier enregistrement, Excel n'ouvre plus la boîte de dialogue d'enregistrement mais remplace immédiatement et sans confirmation l'ancienne version du fichier par cette nouvelle version. Soyez confiant, même si aucun message de confirmation ne vous l'indique, votre fichier a bien été réenregistré.

Refermez votre classeur **Premier classeur VotrePrénom**.

 Aller plus loin avec l'enregistrement

L'enregistrement automatique

Tout d'abord, une petite mise au point s'impose : la fonctionnalité d'*enregistrement automatique* ne saurait se substituer à l'enregistrement par le biais du bouton *Enregistrer* 💾 . L'enregistrement régulier des fichiers reste le moyen le plus sûr de préserver votre travail. Parfois cependant, il arrive qu'Excel se ferme brutalement avant que vous n'ayez pu enregistrer les modifications apportées sur votre fichier (dysfonctionnement du programme, coupure de courant, instabilité du système...)

Bien qu'il ne soit pas toujours possible d'éviter le pire, vous pouvez prendre des mesures afin de protéger au maximum votre travail en cas de fermeture anormale d'Excel.

Activer l'enregistrement automatique

- Dans l'onglet *Fichier*, cliquez sur Options .
- Dans la rubrique *Enregistrer*, activez l'option *Enregistrer les informations de récupération automatique toute les* ☑ Enregistrer les informations de récupération automatique toutes les `10` minutes et si nécessaire, modifiez la fréquence en minutes des enregistrements automatiques.

Que faire après un incident ?

Si vous relancez Excel après un incident, plus communément appelé « plantage », le volet *Récupération de document* s'affiche automatiquement, vous affichant la liste des fichiers ouverts au moment de l'incident. Pour récupérer la dernière version enregistrée automatiquement d'un classeur, cliquez dessus pour l'ouvrir et relancez immédiatement un enregistrement.

Rouvrir un fichier existant

Nous voulons rouvrir notre classeur **Premier classeur VotrePrénom** précédemment refermé. Deux méthodes s'offrent à nous, différentes selon qu'Excel est déjà ouvert ou non.

Ouvrir un fichier au lancement d'Excel

- Le programme n'étant pas déjà ouvert, lancez Excel
- La fenêtre d'accueil s'affiche à l'écran
- Si le fichier est un fichier récemment travaillé, il s'affiche dans la liste *Récent* : cliquez tout simplement dessus pour l'ouvrir
- Si le fichier est un fichier plus ancien, cliquez sur 📂 Ouvrir d'autres Classeurs en bas de la liste

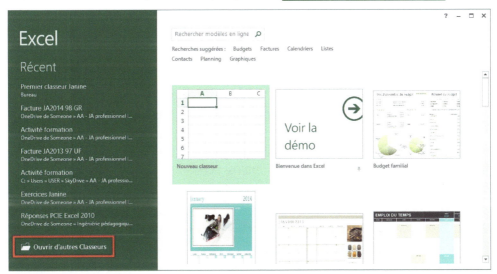

- La fenêtre *Ouvrir* s'affiche à l'écran ; cliquez sur le bouton *Parcourir* (si besoin, cliquez d'abord sur *Ordinateur* ou sur *Ce PC*)

- Dans la nouvelle fenêtre qui s'affiche à l'écran, utilisez la liste de gauche pour sélectionner le dossier dans lequel vous avez enregistré votre classeur
- Dans la partie droite de la fenêtre, double-cliquez sur votre fichier pour l'ouvrir

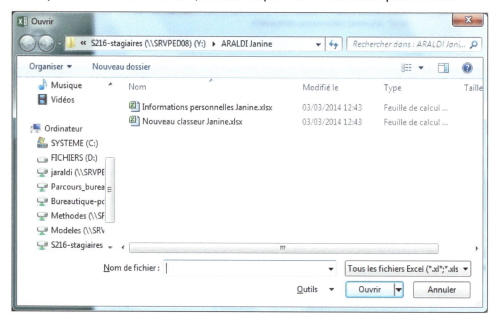

Lorsque qu'Excel est déjà ouvert

Si Excel est déjà ouvert, seul le début de la procédure précédente diffère, le reste demeure identique :

- Activez l'onglet *Fichier* et cliquez sur *Ouvrir*
- Comme précédemment, la fenêtre *Ouvrir* s'affiche à l'écran : cliquez sur *Parcourir*, puis sélectionnez le dossier contenant le fichier à ouvrir avant de double-cliquer sur le fichier

Créer un nouveau classeur

Pour rappel, Excel vous propose un nouveau fichier à chaque fois que vous le lancez. Mais lorsqu'Excel est déjà ouvert, il reste bien sûr possible de créer un fichier sans avoir à quitter puis relancer le logiciel :

- Cliquez sur l'onglet *Fichier*
- Dans la fenêtre qui s'affiche, cliquez sur *Nouveau* dans la colonne de gauche
- Cliquez une fois sur l'icône *Nouveau classeur* : un nouveau fichier vierge s'affiche à l'écran
  Plus simplement, vous pouvez également utiliser le bouton *Nouveau* de la *barre d'outils Accès rapide* située en haut à gauche de votre fenêtre Excel.

 *Si votre **barre d'outils Accès rapide** n'affiche pas le bouton **Nouveau**, il ne tient qu'à vous de l'ajouter : cliquez sur le bouton ⬛ situé à droite de la barre et dans la liste des commandes les plus utiles qui vous est proposée, cliquez tout simplement sur **Nouveau** : le bouton s'ajoute aussitôt à la suite des boutons déjà visibles. Cliquez dessus pour créer votre nouveau fichier.*

Refermez le nouveau classeur sans l'enregistrer.

Exercice

- Lancez Excel et créez un nouveau classeur
- Cliquez sur la cellule **A1** et saisissez vos nom et prénom ; validez par la touche *Entrée* au clavier
- Cliquez sur la cellule **A2** et saisissez votre ville de naissance ; validez
- Enregistrez le classeur sous le nom **Informations personnelles VotrePrénom** et placez-le dans votre dossier
- Cliquez sur la cellule **A3** et saisissez votre date de naissance au format JJ/MM/AA ; validez
- Réenregistrez et refermez le classeur
- Rouvrez le classeur et modifiez le format de la date : sélectionnez la cellule **A3** puis dans l'onglet *Accueil*, groupe *Nombre*, déroulez le bouton *Format de nombre* et sélectionnez *Date longue*.

Si vous ne connaissiez pas votre jour de naissance, voilà qui est fait !
Réenregistrez et refermez votre classeur.

Saisie et sélection

Pour effectuer les manipulations qui suivent, rouvrez votre classeur **Premier classeur VotrePrénom**.
Nous allons maintenant nous familiariser avec la sélection et la saisie dans une feuille Excel.

Sélectionner dans une feuille

Sélectionner une cellule
Comme nous l'avons vu, la sélection d'une cellule se fait en cliquant sur la cellule lorsque le pointeur de la souris prend la forme d'une croix blanche ✚. La cellule sélectionnée s'entoure alors d'un cadre vert. Parallèlement, la barre de formule au-dessus des colonnes vous affiche le contenu de la cellule.

	A	B	C
1		Trimestre 1	Trimestre 2
2	Tokyo	10	12
3	New York	20	24
4	Sidney	30	36
5	Paris	40	48
6			

Sélectionner une plage de cellules
En langage Excel, une **plage de cellules** et un ensemble de cellules. Pour sélectionner une plage de cellules, effectuer un cliquer-glisser depuis le centre de la première cellule à sélectionner jusqu'à la dernière cellule de la zone.

Sélectionnez par exemple la plage depuis A1 jusqu'à B5. Vous devez obtenir le résultat suivant :

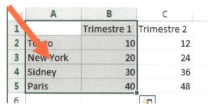

 A noter que la première cellule de la zone sélectionnée reste blanche tandis que les autres cellules sélectionnées prennent une teinte plus soutenue.

Les aides à la saisie

Nous avons effectué une première saisie dans les feuilles de notre classeur. Mais savez-vous qu'Excel vous propose de nombreuses aides à la saisie de vos données ?

Pour effectuer les manipulations suivantes, cliquez sur le bouton ⊕ en bas de la fenêtre pour ajouter une nouvelle feuille à votre fichier **Premier classeur VotrePrénom**.

Les séries alphabétiques jours de semaine et mois de l'année

Saisissez par exemple **Lundi** en cellule **A1** de votre nouvelle feuille et validez par *Entrée*. Nous avons besoin de la suite des jours de la semaine sur les cellules suivantes. Nous allons nous faire aider d'Excel :

- Revenez sélectionner la cellule **A1** et visez le petit carré vert en bas à droite de la cellule jusqu'à ce que votre pointeur prenne la forme d'une croix noire

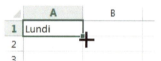

- Cliquez-glissez vers le bas jusqu'à la cellule **A7**
- Relâchez la souris, vous obtenez aussitôt le résultat suivant :

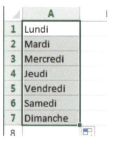

Testez maintenant une autre série de mots connue d'Excel : les mois de l'année. Saisissez **Janvier** en cellule **B1** et recopiez la cellule jusqu'en cellule **B18** : non seulement Excel crée la série des mois jusqu'en **Décembre**, mais recommence à **Janvier** pour continuer sur les cellules suivantes.

 Vous venez de faire connaissance avec la **recopie incrémentée** *d'Excel. Très exactement, le petit carré vert situé en bas à droite de la ou des cellules sélectionnées se nomme la* **Poignée de recopie incrémentée** *et remplace avantageusement un copier-coller classique lorsque la recopie doit se faire sur les cellules voisines.*

La recopie incrémentée fonctionne aussi bien horizontalement que verticalement !
*Faites le test, revenez en cellule **A1**, visez la **poignée de recopie incrémentée** et cliquez-glissez jusqu'à la cellule **J1** par exemple.*

	A	B	C	D	E	F	G	H	I	J
1	Lundi	Mardi	Mercredi	Jeudi	Vendredi	Samedi	Dimanche	Lundi	Mardi	Mercredi
2	Mardi									

Créer une suite de dates

Un autre exemple d'aide à la saisie d'Excel concerne les séries de dates. Pour créer une suite de dates, procéder comme suit :

- Saisissez la première date (attention à la saisie, elle doit respecter le format JJ/MM/AA) ; par exemple, saisissez **le 01/01/14** en cellule **C1**
- Sélectionnez la cellule **C1**, visez la *poignée de recopie incrémentée* et cliquez-glissez vers le bas jusqu'à la cellule **C7**
- Relâchez la souris, vous obtenez aussitôt le résultat suivant :

C
01/01/2014
02/01/2014
03/01/2014
04/01/2014
05/01/2014
06/01/2014
07/01/2014

Créer une suite de nombres

Lorsqu'il s'agit de nombres, Excel est plus réservé et ne modifiera pas le nombre saisi dans une cellule en cas de recopie par la poignée de recopie incrémentée ; en effet, il a besoin de connaître le « *pas d'incrémentation* », à savoir si vous voulez passer de 5 à 6 ou de 5 à 10 ou encore de 5 à 50.

Pour obtenir de l'aide à la saisie d'une série de nombres, vous devez donc saisir deux nombres dans deux cellules adjacentes et effectuer la recopie en ayant sélectionné les deux cellules. Faisons le test :

- Positionnez-vous en cellule **D1** et saisissez **5**, puis saisissez **10** en cellule **D2**.
- Sélectionnez les deux cellules et effectuez votre recopie à l'aide de la poignée de recopie incrémentée jusqu'à la cellule **D20** par exemple.
- Une série de nombres allant de 5 en 5 est automatiquement créée.

Créer une liste de jours ouvrés

Toujours dans le cadre d'une aide à la saisie, nous allons cette fois créer une série de dates ne comportant que les jours de la semaine hors samedis et dimanches.

- Saisissez à nouveau la date **01/01/2014** en cellule **E1**. Pour effectuer votre recopie, vous allez cette fois effectuer votre cliquer-glisser sur la *poignée de recopie incrémentée* à l'aide du bouton <u>droit</u> de la souris au lieu du bouton gauche.

- Lorsque vous relâchez la souris, un menu contextuel vous propose plusieurs options, dont l'option *Incrémenter les jours ouvrés*.

Résultat après recopie :

Vous avez bien obtenu une suite de jours sans les samedis et les dimanches ; à noter cependant que les jours fériés tels que le 1er janvier ou le 11 novembre feront bien partie de la suite.

Enregistrez et refermez votre fichier **Premier classeur VotrePrénom**.

L'environnement Excel

Il s'agit maintenant de regarder d'un peu plus près les outils mis à notre disposition dans la fenêtre Excel.

La barre d'outils Accès rapide

Il s'agit de la petite barre que vous voyez en haut à gauche de votre écran et dont nous vous avons déjà brièvement parlé. Cette barre est là pour vous aider à cliquer très rapidement sur les boutons que vous utilisez souvent.

Par défaut, elle ne contient que trois outils : le bouton *Enregistrer*, que nous avons déjà utilisé, le bouton *Annuler* et le bouton *Répéter*. C'est peu, mais vous allez voir que vous pouvez très facilement ajouter d'autres boutons.

Si la barre d'outils a déjà été personnalisée et se présente différemment de celle représentée ci-dessus, effectuez les manipulations suivantes :

- *Cliquer sur le bouton* à *droite de la barre d'outils puis cliquez sur* **Autres commandes***.*
- *En bas à droite de la fenêtre ouverte à l'écran, cliquez sur le bouton* **Réinitialiser** *puis sur la commande* **Réinitialiser uniquement la barre d'outils Accès rapide**

Personnaliser la barre d'outils Accès rapide

Nous allons personnaliser la barre d'outils en y ajoutant par exemple deux outils indispensables à notre confort : le bouton *Aperçu et impression* et le bouton *Impression rapide* .

- Cliquer sur le bouton *Personnaliser la barre d'outils Accès rapide* situé à la droite de la barre

- Cliquez sur la commande *Aperçu et impression*. Le bouton s'ajoute à la barre d'outils

- Recliquez à nouveau sur le bouton et ajoutez à son tour le bouton *Impression rapide*

La *barre d'outils Accès rapide* se présente maintenant ainsi :

Mais peut-être vous manque-t-il encore un bouton important : celui qui nous permettrait de créer un nouveau fichier et dont nous vous avons déjà parlé. A nouveau, cliquer sur le bouton et ajoutez également le bouton *Nouveau* .

Et voici votre barre d'outils telle qu'elle devrait se présenter :

Pour ajouter rapidement à la **barre d'outils Accès rapide** *un bouton présent sur le ruban, vous pouvez également utiliser un raccourci : visez le bouton dans le ruban (bouton* **Gras** *de l'onglet* **Accueil** *par exemple), cliquez dessus à l'aide du bouton droit de votre souris puis cliquez sur la commande «* **Ajouter à la barre d'outils Accès rapide** *»*

Ajouter à la barre d'outils Accès rapide

Pour supprimer un bouton de la *barre d'outils Accès rapide*, cliquez sur le bouton à l'aide du bouton droit de la souris puis cliquez gauche sur la commande « *Supprimer de la barre d'outils Accès rapide* »

Supprimer de la barre d'outils Accès rapide

En ce qui nous concerne, supprimez le bouton *Gras* que vous aviez précédemment ajouté.

Le ruban et ses onglets

Comme nous avons commencé à le voir durant nos manipulations, le *ruban* contient tous les outils dont vous avez besoin pour travailler. Les outils, ou boutons, sont organisés en « *onglets* » eux-mêmes subdivisés en « *groupes* » de boutons.

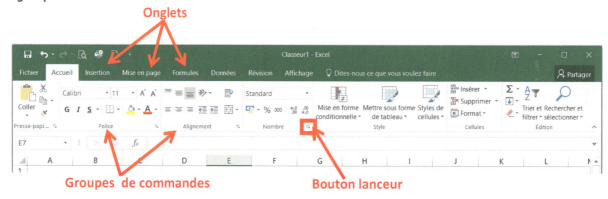

Les boutons lanceurs

Certains groupes disposent d'un « *bouton lanceur* » ⌐▪ qui vous permettra d'accéder à une *boite de dialogue* contenant davantage d'options que celles proposées par le ruban.

Cliquez par exemple sur le bouton lanceur du groupe *Nombre*. La boite de dialogue *Format de cellule* apparaît, avec son onglet *Nombre* activé.

La boite de dialogue contient des options qui vous permettront de choisir un format monétaire non présent sur le ruban (options situées dans la catégorie *Monétaire*).

- -

 Personnaliser le ruban

Les groupes existants du ruban ne peuvent pas être modifiés, mais vous pouvez par contre :
- Déplacer les onglets prédéfinis pour en redéfinir l'ordre

- Supprimer ou rajouter un groupe entier dans un onglet prédéfini ou personnel
- Créer de nouveaux onglets

Ouvrir la fenêtre de personnalisation du ruban

- Dans l'onglet *Fichier*, cliquez sur le bouton *Options* puis sur *Personnaliser le ruban* (ou cliquez droit sur un onglet du ruban puis sur *Personnaliser le ruban*).
- La fenêtre ci-dessous apparait :

Ajouter un nouveau groupe à un onglet existant

- Dans la colonne de droite, sélectionnez l'onglet à personnaliser et cliquez sur le bouton `Nouveau groupe`.
- Cliquez sur le bouton `Renommer...` pour nommer le groupe et utilisez les boutons `▲` ou `▼` situés à droite de la fenêtre pour positionner le groupe (si les boutons ne sont pas visibles, agrandissez la largeur de la fenêtre autant que nécessaire).

Ajouter un bouton à un nouveau groupe

- Sélectionnez la commande dans la colonne de gauche (si nécessaire, sélectionnez préalablement la catégorie)
- Utilisez le bouton `Ajouter >>` (vous pouvez également faire glisser la commande jusqu'à la colonne de droite sous l'onglet existant voulu)

Supprimer un groupe

- Sélectionner le groupe et cliquez sur le bouton `<< Supprimer` (vous pouvez également cliquer droit sur le groupe puis cliquer sur *Supprimer*)

Les barres de défilement

Excel dispose de deux *barres de défilement* permettant de visualiser les cellules de la feuille active :

- la barre de défilement **verticale** (située à droite de la fenêtre et représentée ci-contre) qui permet de faire défiler à l'écran les lignes de la feuille
- la barre de défilement **horizontale** (située en bas à droite de la fenêtre et représentée par l'image ci-dessous) qui permet de faire défiler à l'écran les colonnes de la feuille

La barre d'état

Située tout en bas de la fenêtre Excel, la *barre d'état* affiche des outils incontournables d'Excel tels que le zoom et les modes d'affichage de la feuille (à droite), mais aussi certaines informations utiles concernant votre classeur : les touches actives, les statistiques de certaines *fonctions* lors d'une sélection de cellules, les raccourcis...

 Si vous sélectionnez au moins deux cellules contenant des nombres, la barre d'état vous affiche automatiquement la somme et la moyenne des nombres, ainsi que le nombre de cellules non vides sélectionnées.
Si vous sélectionnez des cellules contenant du texte (au moins deux cellules), Excel vous indique alors uniquement le nombre de cellules non vides sélectionnées. Très pratique pour compter les éléments d'une liste !

 La barre d'état est personnalisable et il est possible d'y afficher d'autres informations : cliquez sur un endroit libre de la barre à l'aide du bouton droit de votre souris pour afficher la liste des informations disponibles.

Nous sommes enfin prêts à réaliser notre premier tableau. Créez un nouveau fichier et enregistrez-le dans votre dossier sous le nom **Facture VotrePrénom**.

Créer un tableau

Nous allons créer un tableau avec formules de calcul pour obtenir **en fin d'exercice** le résultat suivant (ne saisissez pas le tableau, nous allons le créer ensemble pas à pas). A noter que bien qu'elles ne soient pas visibles, le tableau comporte plusieurs formules de calcul.

Méthode de création d'un tableau Excel

Le tableau représenté ci-dessus sera notre résultat final. Afin d'y parvenir, il faudra passer par trois étapes, dont l'ordre doit impérativement être respecté pour éviter non seulement des pertes de temps, mais des erreurs difficiles à corriger lorsque l'on débute avec Excel. Les trois étapes sont :

1. **Saisir toutes les données du tableau,** texte et nombres mais également formules de calcul.

2. **Mettre en forme** le tableau : police, bordures, taille des colonnes et lignes…

3. **Mettre en page** le tableau en vue de son impression : orientation du papier, échelle d'impression, en-tête / pied de page…

 *Le non-respect de l'ordre de ces étapes met en péril votre progression ; même si la tentation est grande de faire rapidement de la mise en forme, au final **vous êtes toujours gagnant en essayant de ne pas brûler les étapes** !*

A présent, commençons notre tableau !

- Cliquez en cellule **A1** et saisissez le mot *FACTURE* en majuscule. Utilisez la touche *Entrée* du clavier pour valider votre saisie

  Il s'agit du titre de notre tableau, qui devra plus tard être centré par rapport à la largeur de notre tableau. Ce n'est cependant pas le moment de nous en préoccuper. Notez que sauf cas particulier, la saisie du titre d'un tableau doit toujours se faire en cellule A1

- Notre titre est saisi, nous allons laisser une ligne vide pour le séparer du tableau

- Cliquez en cellule **A3** et saisissez *PRODUITS*. Utilisez la touche *Entrée* du clavier pour valider et en même temps descendre sur la cellule suivante, à savoir **A4**

- Saisissez *Feutres* en **A4**, et validez par la touche *Entrée*

- Saisissez *Gommes* en **A5** et validez par la touche *Entrée*

- Saisissez *Blocs de bureau* en **A6** et validez par la touche *Entrée*

  Le texte dépasse de la cellule et s'étale sur la cellule de droite B6 : c'est vrai aussi longtemps que la cellule de droite reste vide mais lorsque nous saisirons son contenu, le texte sera momentanément tronqué (nous nous en occuperons durant l'étape de la mise en forme)

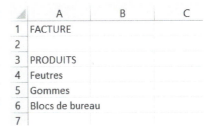

- *Saisissez **Agrafeuses automatiques** en **A7** et validez par la touche **Entrée***

- Cliquez en cellule **B3**, saisissez *QUANTITES* et validez par la touche *Entrée*

- Saisissez 1500 en **B4** et validez par la touche *Entrée*

  Il s'agit d'un chiffre qui sera mis en forme plus tard : ne saisissez pas l'espace entre les milliers et les centaines, c'est inutile

- Poursuivez votre saisie avec les autres chiffres : 70 en **B5**, 250 en **B6** et 35 en **B7**, en validant chaque fois par *Entrée*

Au passage, remarquez comment les chiffres s'alignent par défaut à droite de la cellule alors que le texte s'aligne sur la gauche

	A	B	C
1	FACTURE		
2			
3	PRODUITS	QUANTITES	
4	Feutres	1500	
5	Gommes	70	
6	Blocs de bure;	250	
7	Agrafeuses au	35	

- Cliquez en cellule **C3** et saisissez *PU HT* et validez par *Entrée*

- En cellule **C4**, saisissez **0,8** et validez par *Entrée*

  A nouveau, il s'agit d'un chiffre qui sera mis en forme dans un second temps, nous ne perdons donc pas de temps à saisir le symbole € et les 0 superflus à droite du séparateur décimal

- Recommencez pour les chiffres suivants, à savoir **0,55** en **C5** puis **1,3** en **C6** puis **6,1** en **C7**

- Cliquez en cellule **D3** et saisissez **MONTANT HT**

Vous devez obtenir le résultat suivant :

	A	B	C	D
1	FACTURE			
2				
3	PRODUITS	QUANTITES	PU HT	MONTANT HT
4	Feutres	1500	0,8	
5	Gommes	70	0,55	
6	Blocs de bure;	250	1,3	
7	Agrafeuses au	35	6,1	

Les Formules de calcul

A présent, nous allons procéder à un premier calcul. Il s'agit tout d'abord de multiplier chaque quantité par chaque prix unitaire HT pour obtenir le **Montant HT** en colonne **D**.

- Sélectionnez la cellule devant contenir le premier calcul, à savoir **D4**

- Saisissez le signe **=** au clavier

  Ce symbole en tout début de cellule indique à Excel que vous lui demandez de faire un calcul

- Cliquez sur la cellule **B4** à l'aide de votre souris : Excel ajoute **B4** à la suite du signe = saisi précédemment

  Vous pourriez saisir vous-même la référence B4 au clavier au lieu d'utiliser la souris

- Continuez en saisissant le signe ***** au clavier

  L'astérisque indique à Excel que vous souhaitez effectuer une multiplication

- Cliquez sur **C4** à l'aide de votre souris

- La formule qui s'inscrit maintenant dans la cellule est la suivante : **=B4*C4**

	A	B	C	D
1	FACTURE			
2				
3	PRODUITS	QUANTITES	PU HT	MONTANT HT
4	Feutres	1500	0,8	=B4*C4
5	Gommes	70	0,55	
6	Blocs de bur	250	1,3	
7	Agrafeuses a	35	6,1	

- La formule étant terminée, validez-la par *Entrée*
- Excel affiche à présent le **résultat** de la formule :

	A	B	C	D
1	FACTURE			
2				
3	PRODUITS	QUANTITES	PU HT	MONTANT HT
4	Feutres	1500	0,8	1200
5	Gommes	70	0,55	
6	Blocs de bur	250	1,3	
7	Agrafeuses a	35	6,1	

La barre de formule

La cellule D4 indique le résultat de notre opération, à savoir la valeur **1200**. Et si nous souhaitions revoir notre formule, pour la vérifier ou pour la modifier ? Pour cela, il nous suffit de cliquer à nouveau sur la cellule **D4** et regarder un peu plus haut, dans la *barre de formule*. Cette partie de l'écran reprend toujours le véritable contenu de la cellule sélectionnée. A ce titre, vous devez toujours garder un œil sur la *barre de formule*.

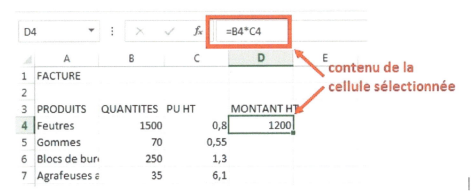

 Pour réduire ou agrandir la hauteur de la barre de formule, utilisez le bouton ˅ sur sa droite :

Comme nous venons de le voir, le signe = est le symbole qui indique à Excel que vous commencez la saisie d'une formule de calcul. Il devient donc impossible de débuter une phrase dans une cellule par le signe =, car Excel comprendra systématiquement que vous lui indiquez de faire un calcul et vous renverra un message d'erreur.

Faites le test dans une cellule vide en saisissant par exemple **= à l'année dernière** ; lorsque vous validez, Excel indique le message **#Nom ?** (effacez votre saisie après le test).

A noter qu'il en sera de même pour une saisie débutant par un tiret (-) ou par le signe +

 Pour saisir un texte commençant par les signes = (égal), + (plus) ou –(moins), débutez votre saisie par une apostrophe (') : ce signe empêchera l'affichage du message d'erreur et a l'avantage de devenir invisible à l'impression.

Poursuivons notre saisie des formules de notre tableau Facture :

- Cliquez en cellule **D5** et saisissez le signe **=**

- Cliquez sur la cellule **B5**, saisissez le signe ***** puis cliquez sur la cellule **C5**.

	A	B	C	D
1	FACTURE			
2				
3	PRODUITS	QUANTITES	PU HT	MONTANT HT
4	Feutres	1500	0,8	1200
5	Gommes	70	0,55	=B5*C5
6	Blocs de bur	250	1,3	
7	Agrafeuses a	35	6,1	

- Validez par *Entrée* au clavier. La cellule doit afficher 38,5.

Notez qu'à partir de maintenant, nous ne vous rappellerons plus de valider vos saisies par **Entrée**, *mais que cela reste toujours vrai : toute saisie dans une cellule doit être validée, particulièrement lorsqu'il s'agit d'une formule !*

	A	B	C	D
1	FACTURE			
2				
3	PRODUITS	QUANTITES	PU HT	MONTANT HT
4	Feutres	1500	0,8	1200
5	Gommes	70	0,55	38,5
6	Blocs de bur	250	1,3	
7	Agrafeuses a	35	6,1	
8				

Procédez maintenant à la saisie des formules en **D6** et **D7**. Vous devez obtenir le tableau suivant :

⊿	A	B	C	D
1	FACTURE			
2				
3	PRODUITS	QUANTITES	PU HT	MONTANT HT
4	Feutres	1500	0,8	1200
5	Gommes	70	0,55	38,5
6	Blocs de bur	250	1,3	325
7	Agrafeuses a	35	6,1	213,5

Une pause s'impose. Nous avons ressaisi quatre fois la formule multipliant la quantité par le prix unitaire HT. Quelle perte de temps, alors qu'il s'agissait du même calcul qui se répétait encore et encore… Heureusement que notre tableau ne contenait pas des centaines de lignes !

Qu'à cela ne tienne, on efface tout et on recommence ! Et cette fois, nous allons mieux faire en recopiant comme il se doit notre première formule. Pour cela, nous allons tout d'abord supprimer nos formules superflues : sélectionnez les cellules **D5** jusqu'à **D7** et appuyez sur la touche *Suppr* du clavier pour les vider (ou, alternativement, utilisez le bouton *Effacer* 🖌 ▾ de l'onglet *Accueil,* groupe *Edition*).

A présent, cliquez sur la cellule **D4** qui contient la formule à recopier. Visez la *poignée de recopie incrémentée*, que nous avons déjà manipulée, et lorsqu'une petite croix noire apparaît, cliquez et glissez sans relâcher sur les cellules **D5** jusqu'à **D7**.

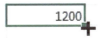

Lorsque vous relâchez le bouton de votre souris, la formule est recopiée sur les cellules.

⊿	A	B	C	D	E
1	FACTURE				
2					
3	PRODUITS	QUANTITES	PU HT	MONTANT HT	
4	Feutres	1500	0,8	1200	
5	Gommes	70	0,55	38,5	
6	Blocs de bur	250	1,3	325	
7	Agrafeuses a	35	6,1	213,5	
8					

Comme vous pouvez le voir, vous obtenez le même résultat qu'en saisissant vous-même les formules une à une, mais avec un gain de temps non négligeable. Sans oublier que nous n'avons ici que quatre produits, mais nous pourrions en avoir 100, 50 000 ou plus encore !

Passons à la colonne suivante. Il s'agit maintenant de calculer la TVA.

- Cliquez en cellule **E3** et saisissez *TVA 20 %*

Le fait de saisir le mot TVA avant le chiffre nous empêchera d'utiliser cette cellule dans une formule de calcul. Ce n'est pas très grave, le taux de TVA change rarement, nous le saisirons donc directement dans la formule de calcul de la TVA :

- Cliquez en cellule **E4** et saisissez la formule suivante : **=D4*20%**

	A	B	C	D	E
1	FACTURE				
2					
3	PRODUITS	QUANTITES	PU HT	MONTANT H	TVA 20 %
4	Feutres	1500	0,8	1200	=D4*20%
5	Gommes	70	0,55	38,5	
6	Blocs de bur	250	1,3	325	
7	Agrafeuses a	35	6,1	213,5	

Après validation, la cellule affiche le résultat de la formule :

	A	B	C	D	E
1	FACTURE				
2					
3	PRODUITS	QUANTITES	PU HT	MONTANT H	TVA 20 %
4	Feutres	1500	0,8	1200	240
5	Gommes	70	0,55	38,5	
6	Blocs de bur	250	1,3	325	
7	Agrafeuses a	35	6,1	213,5	

A nouveau, il vous suffit de recliquer sur la cellule **E4** et de regarder un peu plus haut dans la *barre de formule* pour retrouver la formule de calcul que vous avez saisie.

Il vous faut maintenant reproduire la formule sur les cellules du dessous. Comme précédemment, il s'agit de la même formule qui se répète, nous allons donc choisir de la **recopier** plutôt que de la ressaisir.

- Cliquez sur la cellule **E4** contenant la formule à recopier

- Visez la *poignée de recopie incrémentée* en bas à droite de la cellule et cliquez-glissez jusqu'à la cellule **E7** pour recopier la formule

*La formule est recopiée par Excel, qui adapte automatiquement les références de cellules pour que la formule reste juste après recopie (vérifiez par vous-même en cliquant sur **E6** par exemple : notre formule de départ **=D4*20 %** est devenue **=D6*20 %**).*

Il s'agit d'un détail important, sur lequel nous reviendront plus loin dans cet ouvrage.

	A	B	C	D	E
1	FACTURE				
2					
3	PRODUITS	QUANTITES	PU HT	MONTANT H	TVA 20 %
4	Feutres	1500	0,8	1200	240
5	Gommes	70	0,55	38,5	7,7
6	Blocs de bur	250	1,3	325	65
7	Agrafeuses a	35	6,1	213,5	42,7

A présent, passons à la dernière colonne :

- Cliquez en **F3** et saisissez ***MONTANT TTC***

- Cliquez en **F4** et saisissez la formule **=D4+E4**, car nous voulons additionner le montant de la TVA obtenu au Montant HT

- Validez, puis recopiez la formule dans les cellules **F5** jusqu'à **F7**

Vous devez obtenir le résultat suivant :

	A	B	C	D	E	F
1	FACTURE					
2						
3	PRODUITS	QUANTITES	PU HT	MONTANT H	TVA 20 %	MONTANT TTC
4	Feutres	1500	0,8	1200	240	1440
5	Gommes	70	0,55	38,5	7,7	46,2
6	Blocs de bur	250	1,3	325	65	390
7	Agrafeuses a	35	6,1	213,5	42,7	256,2

- Cliquez sur la cellule **E8** et saisissez le mot **Total**

- Cliquez en cellule **F8** ; ici, notre calcul suivant consiste à totaliser les chiffres de la colonne **F**. Saisissez la formule suivante : **=F4+F5+F6+F7**

	A	B	C	D	E	F
1	FACTURE					
2						
3	PRODUITS	QUANTITES	PU HT	MONTANT H	TVA 20 %	MONTANT TTC
4	Feutres	1500	0,8	1200	240	1440
5	Gommes	70	0,55	38,5	7,7	46,2
6	Blocs de bur	250	1,3	325	65	390
7	Agrafeuses a	35	6,1	213,5	42,7	256,2
8					TOTAL	2132,4

Revenons à nouveau un peu en arrière. Nous avons choisi d'additionner les cellules individuellement en saisissant la formule **=F4+F5+F6+F7**. Cependant, il existe une façon bien plus simple et rapide pour faire la somme d'une colonne de chiffres dans Excel : la fonction *Somme automatique*.

Nous allons donc faire machine arrière une nouvelle fois en supprimant le total :
- Sélectionnez la cellule **F8** et appuyez sur la touche *Suppr* au clavier pour la vider
- Conservez la cellule **F8** sélectionnée et dans l'onglet *Accueil* de votre ruban, groupe *Edition* vers la droite, cherchez le bouton Σ ▾. Il s'agit du bouton *Somme automatique*
- Sans rien saisir dans votre cellule (pas même le signe =), cliquez simplement sur le bouton Σ ▾ : Excel inscrit **=SOMME(F4:F7)** dans la cellule
  *En fait, la fonction Somme propose instantanément d'effectuer la somme des cellules situées au-dessus de la cellule en cours de sélection, à savoir les cellules **F4** jusqu'à **F7** (à noter que dans une fonction Excel, les deux points **:** signifient "**jusqu'à**" et non la division)*
- Validez

	A	B	C	D	E	F	G	H
1	FACTURE							
2								
3	PRODUITS	QUANTITES	PU HT	MONTANT H	TVA 20 %	MONTANT TTC		
4	Feutres	1500	0,8	1200	240	1440		
5	Gommes	70	0,55	38,5	7,7	46,2		
6	Blocs de bur	250	1,3	325	65	390		
7	Agrafeuses a	35	6,1	213,5	42,7	256,2		
8					TOTAL	=SOMME(F4:F7)		
9						SOMME(**nombre1**; [nombre2]; ...)		
10								

Poursuivons :
- Saisissez *Remise 10%* en cellule **E9** et *TOTAL A PAYER* en cellule **E10**
- Positionnez-vous en **F9** pour calculer la remise : il s'agit de multiplier le montant obtenu en **F8** par 10%
- Finissez en **F10** : vous devez soustraire la remise calculée en **F9** du total calculé en **F8**.

Ce qui nous donne en résultat final :

	A	B	C	D	E	F
1	FACTURE					
2						
3	PRODUITS	QUANTITES	PU HT	MONTANT H	TVA 20 %	MONTANT TTC
4	Feutres	1500	0,8	1200	240	1440
5	Gommes	70	0,55	38,5	7,7	46,2
6	Blocs de bur	250	1,3	325	65	390
7	Agrafeuses a	35	6,1	213,5	42,7	256,2
8					TOTAL	2132,4
9					Remise 10%	213,24
10					TOTAL A PAY	1919,16

Enregistrez votre fichier **Facture VotrePrénom.**

Exercice

Vous pensez avoir tout retenu ? Voyons cela : imprimez votre tableau **Facture** (Onglet *Fichier /*
Imprimer) en l'état puis créez une nouvelle feuille dans votre classeur (bouton *Nouvelle feuille* ⊕ en
bas de la fenêtre du classeur Excel).

Effectuez un double-clic sur l'onglet de la nouvelle feuille pour la renommer **Exercice Facture2** (puisque nous
y sommes, effectuez également un double-clic sur la première feuille et renommez-la **Exercice Facture1**).

A présent, en vous aidant uniquement de votre impression (ou du moins en consultant le moins possible
les indications de la méthode), essayez de reproduire le même tableau dans la nouvelle feuille **Exercice**
Facture2 … Et bien sûr, n'oubliez pas que certains nombres sont le résultat de formules de calcul !

Une fois votre tableau terminé, vérifiez-le en comparant le contenu des cellules avec celles du premier
tableau (pour rappel, les nombres des colonnes D, E et F doivent être obtenus par des formules de
calcul). Vous avez réussi ? Alors bravo, nous pouvons poursuivre nos manipulations.

Syntaxe des formules de calculs

Un peu de théorie sur les formules de calcul : une formule commence toujours par le signe = (égal) et
peut être composée de différents éléments : des références de cellules (valeurs variables), des signes
opérateurs, des nombres constants, des fonctions (Somme, Moyenne etc.)...

Pour poser une opération, vous devrez invariablement respecter la procédure suivante :
-   Cliquer sur la cellule qui va recevoir la formule
-   Saisir le signe = au clavier
-   Saisir l'opération à l'aide des opérateurs, des cellules, des nombres…
-   Valider à la fin de la formule

Sous Excel, les 4 opérateurs de calculs de base sont :

Addition :	**+** *(signe plus)*	=B5+C8+9+D23	**Multiplication** :	***** *(astérisque)*	=B5*C8
Soustraction :	**-** *(tiret du 6)*	=B5-C8-9-D23	**Division** :	**/** *(barre oblique)*	=B5/C8

EXEMPLES DE FORMULES :

Contenu des cellules : B1 contient 5 - C8 contient 3,25 - D3 contient 200

Formule	Commentaires	Calcul effectué par Excel	Résultat
= B1+C8	**B1** et **B2** sont des références de cellules et "**+**" un opérateur mathématique	=5+3,25	8,25
= B1*35	**B1** est une référence de cellule, "*****" un opérateur, et **35** une constante numérique	=5*35	175
=B1+C8-D3	Les opérateurs + et - n'ont aucune priorité l'un sur l'autre	=5+3,25-200	-191,75

| =B1+C8*D3 | Les opérateurs * et / sont prioritaires sur + et - | =5+3,25*200 | 655 |
| =(B1+C8)*D3 | Grâce aux parenthèses, c'est le résultat de l'addition de B1 et C8 qui est multiplié par D4 et non seulement C8 | =(5+3,25)*200 | 1650 |

Quelques calculs à connaître

Nous avons tous appris certains calculs sur les bancs d'école... que nous nous sommes peut-être empressés d'oublier (?). Les voici de retour, car lorsque l'on travaille avec Excel, il n'est pas rare de devoir réaliser certains calculs dans nos tableaux.

Définition des pourcentages

Les pourcentages sont très souvent utilisés, que ce soit pour calculer une TVA ou pour appliquer une remise sur un prix à payer ou encore pour comparer deux nombres. Notre premier exercice **FACTURE** nous a déjà permis de réaliser les deux premiers calculs, mais il convient maintenant de poursuivre nos efforts.

Et en tout premier lieu, qu'est-ce qu'un pourcentage ?

> Un **pourcentage** est une façon d'exprimer un nombre comme une fraction de cent, généralement en utilisant le signe **%**, parfois l'abréviation **p.c.**, ou rarement en écrivant en toutes lettres **pour cent** : 5 %, 5 p.c., 5 pour cent. On utilise le pourcentage seulement lorsqu'un nombre représente une proportion ou une fraction d'un ensemble.
>
> D'usage très fréquent dans le monde actuel puisqu'on le rencontre en statistique comme en économie, le pourcentage est une notion qui peut induire de nombreuses erreurs de raisonnement.

[source Wikipédia]

Si l'on devait se représenter un pourcentage en image, il correspondrait à la portion d'un cercle représentant les 100 %. C'est d'ailleurs bien souvent la représentation graphique utilisée.

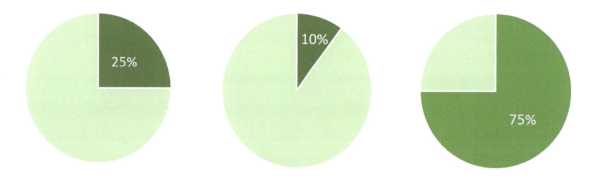

Exprimé différemment, un pourcentage est une fraction dont le dénominateur vaut 100. Par exemple $\frac{5}{100}$ est un pourcentage. On écrit aussi ce nombre 5% et on le prononce "5 pourcent". En fait, 5% est tout simplement égal au nombre 0,05 puisqu'il s'agit du chiffre 5 divisé par 100.

Autre exemple : le nombre 12% est égal à $\frac{12}{100}$ ou encore à 0,12.

Appliquer un pourcentage

Lorsqu'il s'agit d'appliquer un pourcentage à un nombre, la règle est de multiplier le nombre par le numérateur et de diviser par 100.

Vous souhaitez par exemple augmenter de 15 % l'argent de poche de vos enfants, qui ont actuellement 20 €. Pour connaître le montant de l'augmentation, vous devez réaliser l'opération suivante :

$$\frac{20 \times 15}{100}$$ soit 3 € d'augmentation

En langage Excel, cela se traduit par la formule suivante :

=20*15/100 soit 3 € d'augmentation

Ou plus simplement, puisqu'Excel accepte sans souci le symbole % dans ses formules :

=20*15% soit 3 € d'augmentation

Calculer une TVA

Le calcul d'une TVA relève du même calcul : il s'agit de multiplier le montant hors taxes par le montant de la TVA. Par exemple, si la TVA est à 20% et que le nombre hors taxes est 6000, vous devez effectuer le calcul suivant :

=6000*20 % (soit 1200 de TVA)

Calculer un prix TTC

S'il s'agit de passer d'un prix HT à un prix TTC, le principe reste le même : vous devez calculer la TVA puis ajouter ce montant au prix HT ; ce qui donnerait :

=6000*20%+6000 (soit 7200 de prix TTC)

Nous allons maintenant nous pencher sur deux autres calculs de pourcentages très souvent utilisés : le calcul d'une **répartition** (ou **proportion**) et le calcul d'une **évolution**.

*Pour réaliser les manipulations qui suivent, ouvrez le fichier **Etat des commandes par service** mis à votre disposition sur le réseau et activez la feuille **Année 2016**.*

Calculer un pourcentage de répartition

Le calcul d'un pourcentage de répartition permet de savoir combien un chiffre représente en % par rapport à un autre chiffre. Pour nos dépenses de commandes par service, nous voulons par exemple connaître combien la consommation de chaque service représente lorsque comparée à la consommation totale.

Le calcul pour une répartition est le suivant :

$$\text{Pourcentage de répartition} = \frac{\text{Sous-ensemble}}{\text{Ensemble}} \times 100$$

Il s'agira donc pour nous de diviser le chiffre de chaque service par le total de l'ensemble des services.

- Saisissez **Répartition en %** en cellule **C3**
- Cliquez en cellule **C4** et saisissez la formule suivante : **=B4/B11*100,** ce qui nous donne 6,34

- Le service Administratif représente donc plus de 6,34 % des dépenses totales.

Problème, Excel nous affiche le résultat sans le symbole %. Un bouton existe pour afficher les nombres sous forme de pourcentage, mais si nous voulons l'utiliser, nous ne devons pas multiplier nous-même par 100 dans la formule :

- Revenez sur la cellule **C5** et effacez ***100** à la fin de votre formule, qui devient **=B4/B11**

- Dans l'onglet *Accueil*, groupe *Nombre*, cliquez sur le bouton *Style de pourcentage* % *:* c'est fait, le nombre est multiplié par cent et le symbole % est ajouté, ce qui nous donne 6 %

- Pour plus de précision affichée, cliquez deux fois sur le bouton *Ajouter une décimale* du même groupe ; le résultat devient 6,34 %

Nous voulons bien sûr effectuer le même calcul sur les cellules suivantes. La recopie est tentante mais inutilisable ici en l'état actuel de vos connaissances. Vous devez donc ressaisir la formule qui convient sur les cellules **M6** à **M11** et obtenir le résultat suivant :

	A	B	C	D
1	**Etat des commandes par service**			
2				
3	**Année 2016**		Répartition en	
4	Administratif	20 000 €	6,34%	
5	Commercial	50 400 €	15,98%	
6	Compta	42 610 €	13,51%	
7	Entretien	74 400 €	23,59%	
8	Gestion	41 000 €	13,00%	
9	Personnel	39 000 €	12,36%	
10	Marketing	48 000 €	15,22%	
11	**TOTAL 2016**	**315 410 €**		
12				

Sans oublier, bien sûr, d'effectuer la somme des pourcentages en cellule **C11** pour vérifier que le total atteint bien 100%.

Calculer un pourcentage de variation

Pour réaliser les manipulations qui suivent, ouvrez le fichier **Etat des commandes par service** *mis à votre disposition sur le réseau et activez la feuille* **Evolution 2014-2016**.

Le calcul d'un pourcentage de variation permet de savoir la variation, positive ou négative, entre deux valeurs. Pour nos commandes, nous voulons par exemple connaître l'évolution de nos dépenses d'une année sur l'autre.

Le calcul pour une variation est le suivant :

$$\text{Pourcentage de variation} = \frac{(\text{Valeur d'arrivée} - \text{Valeur de départ})}{\text{Valeur de départ}} \times 100$$

Il s'agira donc pour nous de diviser la différence de consommation entre deux années par le chiffre de l'année la plus ancienne.

- Saisissez **Evolution en %** en cellule **A12**

- Cliquez en cellule **C12** et saisissez la formule suivante : **=(C11-B11)/B11**

- Dans l'onglet *Accueil*, groupe *Nombre*, cliquez sur le bouton *Style de pourcentage* % puis cliquez deux fois sur le bouton *Ajouter une décimale* ←0/00 du même groupe

- Utilisez la poignée de recopie pour recopier la formule sur la cellule D12

Vous devez obtenir le résultat suivant :

	A	B	C	D	E
1	Evolution des commandes 2014 - 2016				
2					
3	Services	2014	2015	2016	
4	Administratif	47 000 €	31 000 €	20 000 €	
5	Commercial	54 500 €	74 500 €	50 400 €	
6	Compta	26 000 €	30 300 €	42 610 €	
7	Entretien	27 000 €	45 000 €	74 400 €	
8	Gestion	38 000 €	30 400 €	41 000 €	
9	Personnel	28 000 €	52 000 €	39 000 €	
10	Marketing			48 000 €	
11	TOTAL 2013	220 500 €	263 200 €	315 410 €	
12	Evolution en %		19,37%	19,84%	

Excel a automatiquement modifié votre formule =(C11-B11)/B11 durant la recopie vers la droite de la formule afin de l'adapter. Ainsi, la formule =(C11-B11)/B11 est devenue =(D11-C11)/C11.

*Cela est dû au fait que les références utilisées dans la formule de calcul sont des références appelées **références relatives**. Ce mode de référencement, que vous utilisez depuis le début car Excel l'applique par défaut, est prévu pour que les formules puissent être automatiquement adaptées lors de la recopie.*

*Par opposition, il existe également des références appelées « **références absolues** » qui ne peuvent pas être modifiées par Excel durant la recopie des formules. Nous développons un peu plus loin le sujet des références absolues, leur syntaxe et leur utilisation.*

E x e r c i c e

Créez un nouveau classeur et saisissez le tableau suivant :

	A	B	C	D	E	F	G
1				Evolution 2013/2014		Répartition en %	
2		Année 2013	Année 2014	en €	en %	année 2014	
3	Eau	360	398				
4	Gaz	520	480				
5	Electricité	690	780				
6	Bois	260	265				
7	Total						

En ligne 7, calculer les totaux des colonnes B et C

En colonne D, calculer l'évolution entre les deux années en euros

En colonne E, calculer l'évolution entre les deux années en pourcentage

En colonne F, calculer la répartition en pourcentage entre les différentes lignes de dépenses

	A	B	C	D	E	F	G
1				Evolution 2013/2014		Répartition en %	
2		Année 2013	Année 2014	en €	en %	année 2014	
3	Eau	360	398	38	10,56%	20,70%	
4	Gaz	520	480	-40	-7,69%	24,96%	
5	Electricité	690	780	90	13,04%	40,56%	
6	Bois	260	265	5	1,92%	13,78%	
7	Total	1830	1923			100,00%	

Corrigé :

	A	B	C	D	E	F
1					Evolution 2013/2014	Répartition en %
2		Année 2013	Année 2014	en €	en %	année 2014
3	Eau	360	398	=C3-B3	=D3/B3	=C3/C7
4	Gaz	520	480	=C4-B4	=D4/B4	=C4/C7
5	Electricité	690	780	=C5-B5	=D5/B5	=C5/C7
6	Bois	260	265	=C6-B6	=D6/B6	=C6/C7
7	Total	=SOMME(B2:B6)	=SOMME(C2:C6)			=SOMME(F3:F6)

Mise en forme du tableau Excel

Pour effectuer les manipulations qui suivent, rouvrez votre fichier **Facture VotrePrénom**.

Nous reviendrons plus en détails sur les formules de calcul d'Excel un peu plus loin dans ce manuel. Mais pour l'heure, nous allons poursuivre la création de notre premier tableau.

Nous avons donc saisi l'ensemble de notre tableau FACTURE, texte, nombres et formules de calcul. Pour rappel, il nous reste encore deux étapes avant que notre tableau soit complet :

- **La mise en forme** : le tableau doit être embelli par tous les outils de mise en forme (gras, couleurs, bordures...)
- **La mise en page** : aussi parfait votre tableau semble-t-il à l'écran, quelques réglages devront être effectués pour qu'il puisse s'imprimer correctement (centré dans la page, ajout du n° de page ou de la date...)

Il s'agit donc maintenant de procéder à sa *mise en forme*. En informatique, la *mise en forme* consiste à embellir un texte ou un tableau de façon à lui donner un aspect plus agréable mais aussi plus lisible.

Comme vous allez pouvoir le constater, nous pourrons effectuer presque tous nos embellissements par les boutons de l'onglet *Accueil*, qui regroupe la plupart des outils de base pour la mise en forme d'un tableau. Repérez-le grâce à l'image suivante :

En supplément, vous pouvez cliquer droit sur la ou les cellules à mettre en forme et utiliser la *barre d'outils miniature* qui s'affiche. Cette barre vous propose les outils les plus fréquemment utilisés lors de la mise en forme d'un tableau.

Mise en forme de la police et alignements

Pour commencer, cliquez sur la cellule **A1** qui contient notre titre. Vous désirez mettre ce titre en plus gros et changer l'aspect des lettres. Nous allons donc modifier la police :

- Dans l'onglet *Accueil*, groupe *Police*, cliquez sur la flèche déroulante ˅ du bouton *Taille de police* `11 ˅` (qui devrait indiquer le chiffre 11)

- Cliquez sur la taille **22**

- Cliquez maintenant sur la flèche déroulante ˅ du bouton *Police* `Calibri ˅` (juste sur la gauche du bouton *Taille*). Une longue liste de polices différentes s'affiche. Descendez jusqu'à trouver la police *IMPACT* et cliquez dessus pour l'appliquer

- Sélectionnez à présent les cellules **A3** jusqu'à **F3**, c'est-à-dire les cellules contenant les titres du tableau. Nous voulons simplement les mettre en *gras* : cliquer sur le bouton *Gras* **G** . Les lettres deviennent plus épaisses

- Conservez les mêmes cellules sélectionnées et cliquez maintenant sur le bouton *Centré* ≡ (celui du bas) du groupe *Alignement* : nos titres se positionnent tous au milieu de leur cellule respective. Bien sûr, certains sont trop longs pour leur cellule, mais nous règlerons ce problème plus tard

- Sélectionnez les cellules **A4** jusqu'à **A7** et cliquer sur le bouton *Italique* *I* du groupe *Police*. Les lettres s'inclinent légèrement. Cliquez également sur le bouton *Gras*.

- Sélectionnez maintenant les cellules **E8** jusqu'à **F10** et ajoutez du *Gras*.

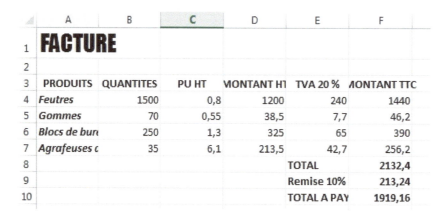

	PRODUITS	QUANTITES	PU HT	MONTANT HT	TVA 20 %	MONTANT TTC
4	Feutres	1500	0,8	1200	240	1440
5	Gommes	70	0,55	38,5	7,7	46,2
6	Blocs de bur.	250	1,3	325	65	390
7	Agrafeuses c	35	6,1	213,5	42,7	256,2
8					TOTAL	2132,4
9					Remise 10%	213,24
10					TOTAL A PAY	1919,16

D'autres mises en forme de police existent : le bouton *Couleur de police* ou le bouton *Souligné* par exemple, tous deux disponibles dans le groupe *Police* du ruban.

D'autres options, plus rarement utilisées, sont également proposées dans la boite de dialogue *Format de cellule*. Pour les visualiser, cliquez sur le bouton lanceur du groupe *Police* dans l'onglet *Accueil*.

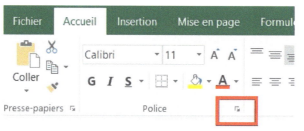

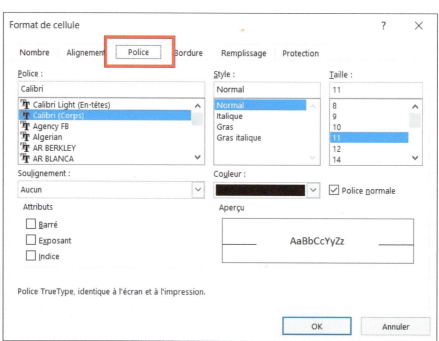

Nous pourrions par exemple utiliser l'option *Barré* (pour barrer le contenu de la cellule) ou *Exposant* (pour écrire un nombre en taille réduite et au-dessus de la ligne d'écriture).

N'en faites rien et cliquez sur le bouton *Annuler* pour refermer la boite de dialogue sans rien modifier.

Mise en forme des nombres

A présent, nous allons nous occuper des nombres. Pour cela, nous avons la série de boutons spécifiques du groupe *Nombre* de l'onglet *Accueil* que nous allons pouvoir utiliser très simplement.

Commençons par les quantités.

- Sélectionnez les cellules **B3** jusqu'à **B7** et cliquez sur le bouton *Séparateur de milliers* `000`
  Les chiffres deviennent immédiatement plus lisibles grâce à un espace entre les milliers et les centaines ; également, ils se détachent légèrement de la droite de la cellule. Par contre, les deux décimales automatiquement prévues par le bouton ne nous arrangent pas.
- Pour masquer les deux décimales inutiles qui se sont affichées, cliquez deux fois sur le bouton
  Réduire les décimales `.00 →.0`
  Vous pouvez à volonté changer le nombre de décimales affichées grâce aux deux boutons
  Ajouter une décimale ou Réduire les décimales, l'un qui en ajoute et l'autre qui les masque :
  `←.0 .00` `.00 →.0`.

3	PRODUITS	QUANTITES	P
4	*Feutres*	1 500	
5	*Gommes*	70	
6	*Blocs de bure*	250	
7	*Agrafeuses a*	35	

Tous les autres nombres sont des euros : nous allons donc sélectionner ensemble deux plages de cellules distinctes : **C4** jusqu'à **F7** et aussi **F8** jusqu'à **F10**. C'est ce que l'on appelle une sélection *discontinue*.

Pour sélectionner des cellules discontinues, procédez ainsi :
- Sélectionnez normalement (par un cliquer-glisser) la première plage de cellules **C4** jusqu'à **F7** et relâchez le bouton de la souris
- Appuyez maintenant sur la touche *Ctrl* du clavier (en bas à gauche) et maintenez-la enfoncée pendant que vous cliquez-glissez pour sélectionner **F8** jusqu'à **F10**.

Et voilà, les deux groupes de cellules sont sélectionnés et nous allons pouvoir les mettre en forme en une seule opération.
L'ensemble des nombres sélectionnés doivent être formatés en euros :
- Cliquer sur le bouton *Format nombre comptabilité* représenté par des pièces d'or sur un billet

de banque .

Ce bouton propose lui aussi deux décimales visibles, ce qui cette fois nous convient car cela égalise le nombre de chiffres affichés après la virgule. A noter également qu'un espace est ajouté après le nombre pour le décoller du bord droit de la cellule. Parfait !

	A	B	C	D	E	F
1	**FACTURE**					
2						
3	PRODUITS	QUANTITES	PU HT	MONTANT HT	TVA 20 %	MONTANT TTC
4	*Feutres*	1 500,00	0,80 €	1 200,00 €	240,00 €	1 440,00 €
5	*Gommes*	70,00	0,55 €	38,50 €	7,70 €	46,20 €
6	*Blocs de bure*	250,00	1,30 €	325,00 €	65,00 €	390,00 €
7	*Agrafeuses a*	35,00	6,10 €	213,50 €	42,70 €	256,20 €
8					TOTAL	2 132,40 €
9					Remise 10%	213,24 €
10					TOTAL A PAY	1 919,16 €

De nombreux autres formats de nombres sont disponibles dans la boite de dialogue *Format de cellule* : pour y accéder, cliquez sur le bouton lanceur ⌐ du groupe *Nombre*. Par exemple, nous avons sélectionné dans la fenêtre ci-dessous la catégorie *Monétaire* et le format de nombre **Yen japonais.**

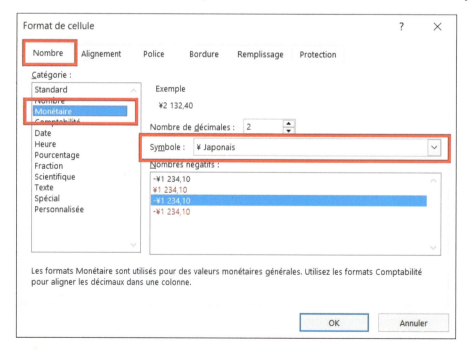

Les bordures

Poursuivons nos efforts de mise en forme avec les traits du tableau, appelées *Bordures*.

Pour l'instant, notre tableau est tout nu, comme vous avez pu le constater lors de votre précédente impression. Si vous n'en être pas convaincu, vous pouvez le vérifier si vous lancez un *Aperçu avant impression* par le bouton 🔍 de la *barre de lancement rapide* en haut à gauche de la fenêtre Excel. Si le bouton n'est pas visible, cliquez sur l'onglet *Fichier* puis sur *Imprimer*.

Comme vous pouvez le constater, les traits grisés que vous voyez à l'écran ne sont qu'un quadrillage visuel destiné à vous permettre de mieux repérer vos cellules.

Par défaut, ce quadrillage ne s'imprime pas. Il va nous falloir ajouter des traits (bordures) à nos cellules.

 Vous pouvez choisir de masquer le quadrillage : dans l'onglet Mise en page, décochez l'option Afficher du groupe Options de la feuille de calcul.

Quadrillage
☑ Afficher
☐ Imprimer

Vous pouvez également choisir d'imprimer le quadrillage : dans ce cas, cochez l'option Imprimer du même groupe (ne cochez pas l'option, nous n'en voulons pas pour notre tableau).

Il s'agit donc d'ajouter des *bordures* aux cellules. Il existe deux méthodes distinctes pour appliquer des bordures à un tableau. Commençons par la méthode la plus classique.

Ajouter des bordures à la sélection

- Dans un premier temps, sélectionnez les cellules **A3** jusqu'à **F7**
- Repérez dans l'onglet *Accueil*, groupe *Police* (petite étrangeté d'Excel car les bordures n'ont rien à voir avec les polices), le bouton *Bordures* dont l'aspect change au fur et à mesure qu'on l'utilise mais qui pour l'instant devrait normalement ressembler à ⊞ ▾
- Cliquez sur sa flèche déroulante ▾ pour afficher les différentes possibilités de bordures
- Nous voulons tout d'abord ajouter un trait fin autour et à l'intérieur de notre plage de cellules sélectionnée : vous pouvez donc cliquer sur le bouton *Toutes les bordures*
  ⊞ Toutes les bordures

Bordures
▦ Bordure inférieure
▦ Bordure supérieure
▦ Bordure gauche
▦ Bordure droite
▦ Aucune bordure
⊞ Toutes les bordures
▦ Bordures extérieures
▦ Bordure épaisse en encadré
▦ Bordure double en bas
▦ Bordure épaisse en bas
▦ Bordure en haut et en bas
▦ Bordure simple en haut et épaisse en bas
▦ Bordure simple en haut et double en bas

Traçage des bordures
▨ Tracer les bordures
▧ Tracer les bordures de grille
✎ Effacer les bordures
✐ Couleur de ligne   ▸
  Style de trait   ▸
⊞ Autres bordures...

Voilà qui est fait, notre tableau possède des bordures simples sur toutes les cellules.

Mais nous voulons davantage : nous voulons aussi rajouter un trait épais, cette fois juste autour de la plage sélectionnée :

- Cliquez sur ▾ pour dérouler à nouveau le bouton *Bordures* ⊞ ▾ (remarquez au passage qu'il a changé d'aspect maintenant que vous l'avez utilisé)

- Cliquez simplement sur le bouton *Bordure épaisse en encadré* ▦ Bordure épaisse en encadré

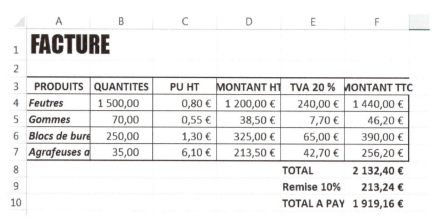

	A	B	C	D	E	F
1	**FACTURE**					
2						
3	PRODUITS	QUANTITES	PU HT	MONTANT HT	TVA 20 %	MONTANT TTC
4	*Feutres*	1 500,00	0,80 €	1 200,00 €	240,00 €	1 440,00 €
5	*Gommes*	70,00	0,55 €	38,50 €	7,70 €	46,20 €
6	*Blocs de bure*	250,00	1,30 €	325,00 €	65,00 €	390,00 €
7	*Agrafeuses a*	35,00	6,10 €	213,50 €	42,70 €	256,20 €
8					TOTAL	2 132,40 €
9					Remise 10%	213,24 €
10					TOTAL A PAY	1 919,16 €

Il ne nous reste plus qu'à sélectionner les cellules **E8** jusqu'à **F10** pour les encadrer elles aussi. Pensez bien à d'abord appliquer les bordures fines partout ⊞ ▾ avant d'ajouter un trait épais sur le contour de la sélection ⬚ .

	A	B	C	D	E	F
1	**FACTURE**					
2						
3	PRODUITS	QUANTITES	PU HT	MONTANT HT	TVA 20 %	MONTANT TTC
4	*Feutres*	1 500,00	0,80 €	1 200,00 €	240,00 €	1 440,00 €
5	*Gommes*	70,00	0,55 €	38,50 €	7,70 €	46,20 €
6	*Blocs de bure*	250,00	1,30 €	325,00 €	65,00 €	390,00 €
7	*Agrafeuses a*	35,00	6,10 €	213,50 €	42,70 €	256,20 €
8					TOTAL	2 132,40 €
9					Remise 10%	213,24 €
10					TOTAL A PAY	1 919,16 €

Cette fois encore, beaucoup d'autres choix de bordures vous sont proposés par la boite de dialogue ***Format de cellule*** : déroulez le bouton ***Bordures*** et cliquez sur ***Autres bordures*** ⊞ Autres bordures... . La fenêtre ***Format de cellule***, onglet ***Bordure***, s'affiche à l'écran :

- Choisissez un style de-trait, une couleur et une épaisseur spécifique dans la partie droite de la fenêtre.
- Pour appliquer le trait sélectionné, utilisez les boutons de la zone ***Bordure*** à droite (vous pouvez également cliquer directement sur l'emplacement de la bordure au niveau de l'aperçu).

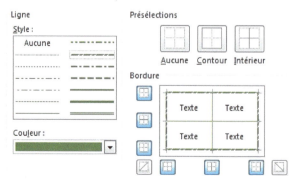

Tracer les bordures et bordures de grille

Une autre méthode, plutôt sympathique, pour appliquer des bordures à vos cellules consiste les « tracer » directement sur les cellules.

- Déroulez le bouton *Bordures* du groupe *Police* dans l'onglet *Accueil*
- Pour choisir le type de trait ou sa couleur, cliquez sur les boutons *Couleur de ligne* ou *Style de trait (*sélectionnez par exemple un double trait et la couleur verte
- Une fois votre trait sélectionné, revenez dans le bouton et cliquez sur *Tracer les bordures de grille* (ou sur *Tracer les bordures* si vous ne voudrez appliquer votre bordure que sur le contour des cellules)
- Votre pointeur prend la forme d'un crayon : cliquez-glissez sur les cellules de votre tableau pour ajouter les bordures

	A	B	C	D	E	F
1	**FACTURE**					
2						
3	PRODUITS	QUANTITES	PU HT	MONTANT HT	TVA 20 %	MONTANT TTC
4	*Feutres*	1 500,00	0,80 €	1 200,00 €	240,00 €	1 440,00 €
5	*Gommes*	70,00	0,55 €	38,50 €	7,70 €	46,20 €
6	*Blocs de bure*	250,00	1,30 €	325,00 €	65,00 €	390,00 €
7	*Agrafeuses a*	35,00	6,10 €	213,50 €	42,70 €	256,20 €
8					TOTAL	2 132,40 €
9					Remise 10%	213,24 €
10					TOTAL A PAY	1 919,16 €

- A la fin de vos manipulations, appuyez sur la touche *Echap* du clavier pour désactiver le mode traçage des bordures.

Effacer les bordures

Et si vous vous trompez et ajoutez des bordures là où vous n'en voulez pas ? Aucun problème : dans le bouton *Bordures*, deux outils vous permettront de les enlever :

- le bouton *Aucune bordure* ⬚ Aucune bordure si vous avez préalablement sélectionné les cellules
- ou le bouton *Effacer les bordures* ✐ Effacer les bordures si vous préférez cliquer-glisser sur les cellules à remanier

Nous voulons conserver nos bordures finalement : cliquez sur le bouton *Annuler* ↶ ▾ de la *barre d'outils Accès rapide* pour revenir en arrière.

Ajouter une couleur de remplissage aux cellules

Un peu plus de couleur serait la bienvenue. Pourquoi ne pas ajouter une trame de fond aux cellules contenant les titres de notre tableau ?

- Sélectionnez les cellules **A3** jusqu'à **F3** et repérez le bouton *Couleur de remplissage* , lui aussi bizarrement situé dans le groupe *Police* de l'onglet *Accueil*.

- Cliquez sur sa flèche déroulante ▼ et sélectionnez par exemple la troisième couleur verte en partant du haut.

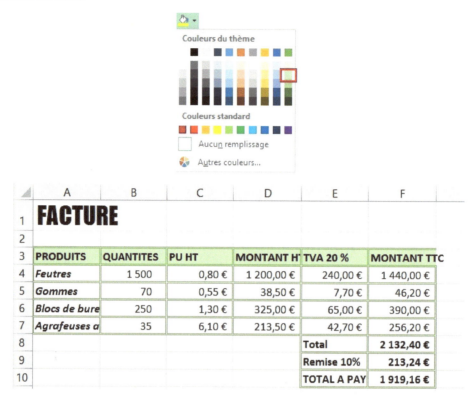

Reproduire une mise en forme

Entre la police, les bordures, le format de nombre, la couleur, l'alignement, la mise en forme d'une cellule peut demander du temps et de nombreuses manipulations. Une fois cette mise en forme réalisée sur une cellule, vous pouvez avoir envie de ne pas repasser par l'ensemble des étapes pour reproduire exactement la même mise en forme à d'autres cellules.

Heureusement, le bouton *Reproduire la mise en forme* est là pour vous aider ! Pour le tester, effectuez les manipulations suivantes :

- Saisissez le mot **Test1** dans une cellule vide (cellule **A12** par exemple)
- Sélectionnez la cellule **A3** de votre tableau
- Dans l'onglet *Accueil*, groupe *Presse-papiers*, cliquez sur le bouton *Reproduire la mise en forme*
- Votre curseur prend la forme d'un pinceau
- Cliquez sur la cellule **A12** pour la mettre en forme à l'identique de la cellule **A3**

Effacer toutes les mises en forme

- Sélectionnez les cellules **A3** jusqu'à **F10** de votre facture

- Dans l'onglet *Accueil*, groupe *Edition*, cliquez sur le bouton *Effacer*
- Cliquez sur *Effacer les formats* ou *Effacer la mise en forme* dans la liste qui s'affiche

C'est fait, les cellules reviennent à leur mise en forme brute, mais leur contenu est bien conservé (pour tout enlever, format *et* contenu, vous auriez pu utiliser l'option *Effacer tout*)

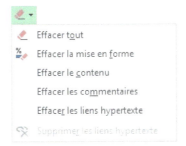

La mise en forme par les styles de cellules

Nous allons maintenant mettre en forme notre tableau en utilisant les *Styles de cellules* prédéfinis proposés par Excel :

- Sélectionnez les cellules **A3** jusqu'à **A10**
- Dans l'onglet *Accueil*, groupe *Styles*, déroulez le bouton *Styles de cellules* et cliquez sur le style *Accent 2*

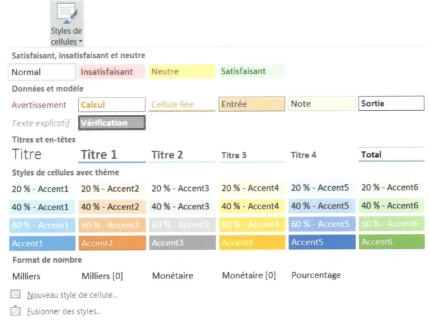

- Sélectionnez les cellules **A5** jusqu'à **F5** puis maintenez la touche **Ctrl** enfoncée pour sélectionner également les cellules **A7** à **F7**
- Déroulez à nouveau le bouton *Styles* de cellules et cliquez sur le style *20% - Accent2*
- Sélectionnez les cellules **E8** et **F8** et appliquez-leur le style *60 % - Accent2*
- Sélectionnez les cellules **E10** et **F10** et appliquez-leur le style *Accent 2*

Il vous faut encore réappliquer quelques formatages que nos dernières manipulations ont malmenés pour obtenir le résultat ci-dessous (reformatage des nombres par les boutons 🔲 ▾ et ⁰⁰⁰ , centrage ≡ et mise en gras **G** des titres du tableau) :

	A	B	C	D	E	F
1	**FACTURE**					
2						
3	**PRODUITS**	**QUANTITES**	**PU HT**	**MONTANT HT**	**TVA 20 %**	**MONTANT TTC**
4	Feutres	1 500	0,80 €	1 200,00 €	240,00 €	1 440,00 €
5	Gommes	70	0,55 €	38,50 €	7,70 €	46,20 €
6	Blocs de bure	250	1,30 €	325,00 €	65,00 €	390,00 €
7	Agrafeuses a	35	6,10 €	213,50 €	42,70 €	256,20 €
8					TOTAL	2 132,40 €
9					Remise 10%	213,24 €
10					TOTAL A PAY	1 919,16 €

Cela commence à prendre tournure, n'est-ce pas ? Restent quelques problèmes à régler malgré tout : le titre **FACTURE**, que nous voulons centrer au-dessus du tableau, nos colonnes qui ne sont pas assez larges et aussi aérer un peu le tableau en augmentant la hauteur des lignes.

Largeurs de colonnes et hauteurs de lignes

Commençons par les largeurs de colonnes. Nous voulons augmenter la colonne **E**, dont la largeur ne laisse pas voir le texte **TOTAL A PAYER** en entier. Pour cela, repérez vers le haut *l'en-tête* grisé de la colonne **E**. Pour augmenter la colonne, vous devez viser le trait à droite du **E** indiquant la fin de la colonne jusqu'à voir apparaître le pointeur ✛.

A l'aide de ce pointeur ✛, cliquez-glissez vers la droite pour augmenter la largeur de la colonne jusqu'à ce que le texte **MONTANT TTC** en cellule **E10** soit complètement visible.

Recommencez l'opération pour rectifier la largeur des colonnes **D** et **F**, elles aussi trop étroites. Ce qui vous donne :

	A	B	C	D	E	F
1	**FACTURE**					
2						
3	**PRODUITS**	**QUANTITES**	**PU HT**	**MONTANT HT**	**TVA 20 %**	**MONTANT TTC**
4	Feutres	1 500	0,80 €	1 200,00 €	240,00 €	1 440,00 €
5	Gommes	70	0,55 €	38,50 €	7,70 €	46,20 €
6	Blocs de bure	250	1,30 €	325,00 €	65,00 €	390,00 €
7	Agrafeuses a	35	6,10 €	213,50 €	42,70 €	256,20 €
8					TOTAL	2 132,40 €
9					Remise 10%	213,24 €
10					TOTAL A PAYER	1 919,16 €

Nous pourrions de la même façon augmenter la largeur de la colonne **A** pour afficher en entier les textes **Blocs de bureau** en **A6** et **Agrafeuses automatiques** en **A7**. Cependant, cela nous obligerait à créer une colonne très large, ce que nous préférons éviter. Nous allons donc choisir plutôt de présenter le texte sur deux lignes à l'intérieur de la cellule.

Sélectionnez les cellules **A6** et **A7** et dans l'onglet *Accueil,* groupe *Alignement*, cliquez sur le bouton *Renvoi à la ligne automatique* 🖳 . Aussitôt, Excel provoque le renvoi du texte sur plusieurs lignes.

	PRODUITS	QUANTITES	PU
3			
4	Feutres	1 500	(
5	Gommes	70	(
6	Blocs de bureau	250	:
7	Agrafeuses automatiques	35	(

Trop, en fait, en ce qui concerne le texte **Agrafeuses automatiques**, qui se retrouve sur trois lignes. En réalité, la faute en revient à la faible largeur de la colonne **A**, que nous devons finalement agrandir un peu pour qu'au moins le mot **automatique** puisse tenir en entier sur une seule ligne.

Vous savez ce qui vous reste à faire : visez l'en-tête de la colonne **A** et cliquez-glissez à l'aide du pointeur ✛ pour augmenter légèrement la largeur de la colonne jusqu'à ce que le mot **automatiques** puisse tenir sur une même ligne.

	PRODUITS	QUANTITES	PU
3			
4	Feutres	1 500	(
5	Gommes	70	(
6	Blocs de bureau	250	:
7	Agrafeuses automatiques	35	(

Tout est réglé pour les colonnes. Par contre, nos lignes sont devenues complètement inégales, ce qui ne nous convient pas du tout. Nous allons donc changer leur hauteur.

Pour commencer, la ligne **3** qui contient les titres du tableau mérite d'être agrandie. Agrandir une hauteur de ligne ressemble fortement à augmenter la largeur d'une colonne : il vous faut repérer l'*en-tête* grisé et numéroté de la ligne à gauche des cellules. A l'aide de la souris, visez le trait en-dessous du numéro de la ligne **3** jusqu'à voir apparaître le pointeur ✛

	PRODUITS	QUANTITES	PU
3			
4	Feutres	1 500	(
5	Gommes	70	

A l'aide de ce pointeur ✛ , cliquez-glissez vers le bas pour augmenter la hauteur de la ligne **3** jusqu'à la doubler environ.

	A	B	C	D	E	F
1	**FACTURE**					
2						
3	PRODUITS	QUANTITES	PU HT	MONTANT HT	TVA 20 %	MONTANT TTC
4	Feutres	1 500	0,80 €	1 200,00 €	240,00 €	1 440,00 €
5	Gommes	70	0,55 €	38,50 €	7,70 €	46,20 €

A présent, nous aimerions que toutes les autres lignes du tableau aient la même hauteur. Pour cela, nous allons procéder différemment.

Tout d'abord, il nous faut apprendre à sélectionner des lignes entières. Pour cela, vous devez visez le milieu de l'en-tête de la ligne **4** et cliquer à l'aide du pointeur en forme de petite flèche noire ➡ : toutes les cellules de la ligne **4** sont instantanément sélectionnées. Pour sélectionner également les lignes **5** à **10**, cliquez-glissez sans relâcher le bouton de la souris en descendant sur les en-têtes des lignes suivantes jusqu'à la ligne **10**.

Une fois les lignes sélectionnées, nous pouvons modifier leur hauteur :

- Dans l'onglet *Accueil*, groupe *Cellules*, cliquez sur le bouton *Format* ⊞ Format ▾
- Sélectionnez *Hauteur de ligne*.
- Dans la boite de dialogue qui s'affiche, saisissez le chiffre **30** et validez par *OK*.

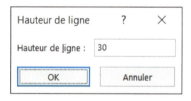

Toutes les lignes sélectionnées adoptent instantanément la même hauteur.

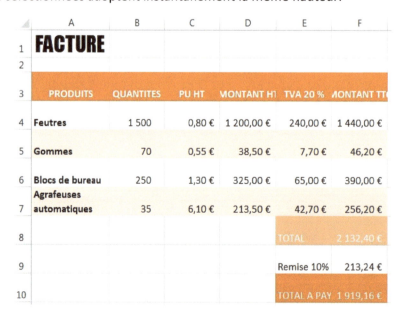

	A	B	C	D	E	F
1	**FACTURE**					
2						
3	PRODUITS	QUANTITES	PU HT	MONTANT HT	TVA 20 %	MONTANT TTC
4	Feutres	1 500	0,80 €	1 200,00 €	240,00 €	1 440,00 €
5	Gommes	70	0,55 €	38,50 €	7,70 €	46,20 €
6	Blocs de bureau	250	1,30 €	325,00 €	65,00 €	390,00 €
7	Agrafeuses automatiques	35	6,10 €	213,50 €	42,70 €	256,20 €
8					TOTAL	2 132,40 €
9					Remise 10%	213,24 €
10					TOTAL A PAYER	1 919,16 €

Vous pouvez également modifier rapidement la hauteur de plusieurs lignes en direct à l'écran :
- Comme précédemment, sélectionnez les lignes <u>par leur en-tête numéroté</u>
- Visez le bord inférieur de l'une des lignes sélectionnées et modifiez sa hauteur par un cliquer-glisser vers le bas ou vers le haut : toutes les lignes sélectionnées adoptent la même hauteur.

Mais pourquoi ne pas avoir pensé à cela pour égaliser nos colonnes ? Pas de problème, il n'est jamais trop tard pour bien faire ! Nous allons tout de suite égaliser les largeurs des colonnes **B** à **F**.

- Pour les sélectionner, visez le milieu de l'en-tête grisé de la colonne **B** pour obtenir une petite flèche noire pointant vers le bas.

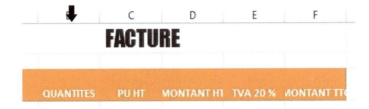

- Cliquez puis glissez jusqu'à la colonne **F** pour sélectionner les cinq colonnes.
- Dans l'onglet *Accueil*, groupe *Cellules*, cliquez sur le bouton *Format* 🔲 Format ▾
- Sélectionnez *Largeur de colonne*.
- Dans la boite de dialogue qui s'affiche, saisissez le chiffre **15** et validez par *OK*.

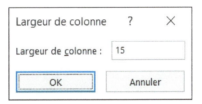

Les cinq colonnes ont maintenant la même largeur.

	PRODUITS	QUANTITES	PU HT	MONTANT HT	TVA 20 %	MONTANT TTC
	FACTURE					
4	Feutres	1 500	0,80 €	1 200,00 €	240,00 €	1 440,00 €
5	Gommes	70	0,55 €	38,50 €	7,70 €	46,20 €
6	Blocs de bureau	250	1,30 €	325,00 €	65,00 €	390,00 €
7	Agrafeuses automatiques	35	6,10 €	213,50 €	42,70 €	256,20 €
8					TOTAL	2 132,40 €
9					Remise 10%	213,24 €
10					TOTAL A PAYER	1 919,16 €

Vous pouvez également modifier rapidement la largeur de plusieurs colonnes en direct à l'écran : sélectionnez les colonnes par leur en-tête grisé, visez le bord droit de l'une des colonnes sélectionnées et modifiez sa largeur par un cliquer-glisser vers la gauche ou vers la droite : toutes les colonnes sélectionnées adoptent la même largeur.

Notre tableau est presque au point, à deux détails près. Tout d'abord, nous voulons centrer verticalement le contenu de toutes les cellules, qui a tendance à rester collé en bas des cellules.

- Sélectionnez les cellules **A3** jusqu'à **F10**

- Dans l'onglet *Accueil*, groupe *Alignement*, cliquez sur le bouton *Centrage vertical* ≡

Attention, ne confondez pas le centrage vertical avec le centrage horizontal, dont le bouton se trouve juste au-dessous de celui qui nous intéresse.

Notez également au passage le bouton *Orientation* ≫⃗ situé sur la droite des boutons d'alignement et qui permet de changer l'orientation du contenu des cellules. Testez-le par exemple sur la ligne de titre de votre tableau, mais revenez à une orientation normale horizontale à la fin de vos essais.

	A	B	C	D	E	F
1	**FACTURE**					
2						
3	**PRODUITS**	**QUANTITES**	**PU HT**	**MONTANT HT**	**TVA 20 %**	**MONTANT TTC**
4	**Feutres**	1 500	0,80 €	1 200,00 €	240,00 €	1 440,00 €
5	**Gommes**	70	0,55 €	38,50 €	7,70 €	46,20 €
6	**Blocs de bureau**	250	1,30 €	325,00 €	65,00 €	390,00 €
7	**Agrafeuses automatiques**	35	6,10 €	213,50 €	42,70 €	256,20 €
8					Total	2 132,40 €
9					Remise 10%	213,24 €
10					TOTAL A PAYER	1 919,16 €

Et nous en arrivons enfin au tout dernier détail à régler : notre titre **Facture**, que nous voudrions voir centré au-dessus du tableau.

Pour ce faire, nous devons sélectionner non seulement la cellule contenant le titre FACTURE, mais aussi les cellules vides sur sa droite sur toute la largeur du tableau. Vous devez donc cliquer-glisser sur cellules **A1** jusqu'à **F1**.

A présent, nous allons fusionner ensemble toutes ces cellules pour ne plus en former qu'une seule et centrer notre titre dans la cellule fusionnée. Rien de plus simple, et un seul bouton fait tout cela :

- Dans l'onglet *Accueil*, groupe *Alignement*, cliquez sur le bouton *Fusionner et centrer*
  ⊞ Fusionner et centrer ▾

Félicitations ! Vous venez de réaliser la mise en forme de votre premier tableau !

Enregistrez votre fichier **Facture VotrePrénom** et refermez-le.

EXERCICE

Créez un nouveau classeur et saisissez le tableau suivant :

	A	B	C	D	E
1	REVENUS MOBILIERS				
2					
3		2011	2012	2013	TOTAL
4	BORIS	50000	45000	37000	
5	SOPHIE	70000	71000	48000	
6	ROSE	35000	39000	52000	
7	TOTAL				

- Utilisez la *Somme automatique* pour effectuer les calculs nécessaires en ligne **7** et en colonne **E**
- Utilisez les *Styles de cellules* pour appliquer la mise en forme de votre choix sur les cellules
- Mettez les nombres au format Euros sans décimales (ex. 50 000 €)
- Centrez les titres de la ligne 3 et appliquez du Gras
- Augmentez les hauteurs de l'ensemble des lignes 3 à 7

- Egalisez les largeurs des colonnes B à E
- Faites en sorte que le titre du tableau soit centré au-dessus du tableau et appliquez du **gras** et une taille de police **14**
- Appliquez un centrage vertical sur l'ensemble des cellules du tableau

Exemple de corrigé :

	A	B	C	D	E
1		**REVENUS MOBILIERS**			
2					
3		**2011**	**2012**	**2013**	**TOTAL**
4	BORIS	50 000 €	45 000 €	37 000 €	132 000 €
5	SOPHIE	70 000 €	71 000 €	48 000 €	189 000 €
6	ROSE	35 000 €	39 000 €	52 000 €	126 000 €
7	TOTAL	155 000 €	155 000 €	137 000 €	447 000 €

 *Si vous n'obtenez pas les mêmes résultats notamment de **B7** à **E7**, c'est que vous avez laissé Excel additionner les années et les revenus ! Pour toute proposition de **Somme automatique** c'est **vous** qui devez vérifier les cellules proposées et qui validez ou pas !*

Enregistrez ce classeur dans votre dossier sur le réseau comme **Revenus mobiliers VotrePrénom** et refermez-le.

*Rouvrez votre classeur **Facture VotrePrénom** pour la suite des manipulations.*

 Mettre sous forme de tableau

Comme nous l'avons vu précédemment, Excel fournit plusieurs *styles rapides* de cellules prédéfinis qui permettent de mettre rapidement un tableau en forme. Si les styles de tableau prédéfinis ne répondent pas à vos besoins, vous pouvez alternativement utiliser l'outil *Mettre sous forme de tableau*.

A noter cependant que cet outil ne se limite pas à de la mise en forme, loin de là : son utilisation transformera votre tableau en « *table de données* », y ajoutant automatiquement des filtres, modifiant le mode de fonctionnement des formules, affichant un onglet contextuel avec de nouveaux outils (que nous ne développons pas ici).

Pour appliquer une mise en forme globale au tableau :
- Sélectionnez les cellules de votre tableau de **A3** à **F10**
- Dans l'onglet *Accueil*, groupe *Styles*, cliquez sur le bouton *Mettre sous forme de tableau*

Mettre sous forme
de tableau ▾

- Sélectionnez un style de tableau

- Le message suivant apparaît, validez par *OK*

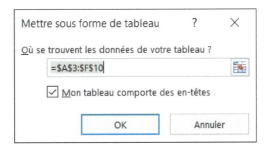

 La transformation de la plage en *table de données* fait que certaines fonctions ne sont plus disponibles (*Fusionner et centrer* par exemple) tandis que d'autres apparaissent (Filtrage des colonnes par exemple à l'aide la petite flèche qui s'est ajoutée).

Si vous souhaitez garder cette mise en forme juste pour le « look » mais rétablir votre tableau en plage comme à l'initial :
- Cliquer sur l'onglet contextuel *Création* et dans le Groupe *Outils*, choisissez Convertir en plage.
- Au message d'Excel, acceptez par *OK*
- Votre tableau est rétabli en plage de cellules standard et l'onglet contextuel *Création* disparaît

Mais cette fois encore, nous voulons conserver notre tableau tel que nous l'avions mis en forme par nous-même : utilisez le bouton *Annuler* ↺ de la *barre d'outils Accès rapide* autant de fois que nécessaire pour revenir à la version initiale de notre tableau.

Enregistrez votre fichier *Facture VotrePrénom* et refermez-le momentanément.

A CE POINT DU MANUEL, REALISER DES EXERCICES DE MISE EN APPLICATION POUR VALIDER LES CONNAISSANCES ACQUISES ②

L'impression du tableau

*Pour effectuer les manipulations qui suivent, rouvrez votre fichier **Facture VotrePrénom**.*

La *mise en page* est indispensable pour **préparer le tableau pour l'impression**. En effet, compte-tenu de l'énorme capacité des feuilles d'un classeur Excel (plus d'un million de lignes sur 32 000 colonnes), vous n'êtes pas limité lorsque vous ajoutez des colonnes ou des lignes d'information à vos tableaux.

Par contre, vous serez inévitablement confronté au moment de l'impression aux limites du papier sur lequel vous imprimez. Vous allez également vouloir, sans doute, numéroter les pages si votre tableau s'étale sur plusieurs pages, ou indiquer en bas de page la date d'impression, ou encore centrer votre tableau dans la page…

Bref, la mise en page recouvre de nombreux outils, que nous allons découvrir ensemble.

Mais voyons tout d'abord ce que donnerait notre tableau imprimé en l'état. Pour éviter de gâcher encre et feuilles de papier, nous n'allons pas procéder d'emblée à une impression mais à une visualisation à l'écran de ce que donnerait l'impression :

- Cliquez sur l'onglet *Fichier* puis sur *Imprimer*
- La fenêtre d'impression s'affiche à l'écran, avec à droite une large zone réservée à la visualisation de ce que serait la première page imprimée de votre tableau.

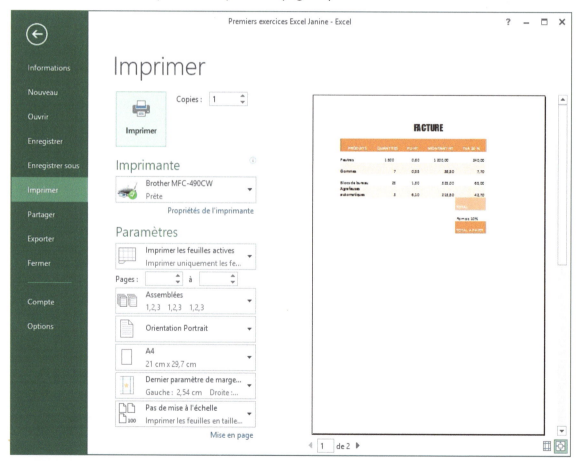

Un problème se pose, et non des moindres : notre tableau est trop large pour la largeur de la feuille de papier et Excel a dû le scinder sur deux pages différentes. Regardez en bas de l'aperçu le décompte de pages ◁ 1 de 2 ▷ qui s'inscrit. Une deuxième page existe bien.

Pour la visualiser dans l'*Aperçu*, cliquez sur le bouton ▶ du décompte de pages (vous pouvez également utiliser la barre de défilement verticale située à droite de la zone d'aperçu).

Effectivement, faute de place sur la première page, la colonne **Montant TTC** se retrouve isolée sur une seconde page.

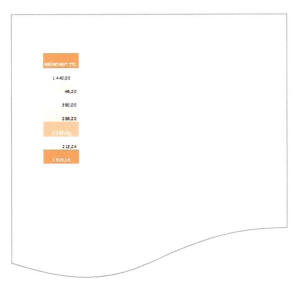

C'est un problème que nous devrons régler, mais pour l'instant nous voulons revenir à notre fenêtre de travail Excel : cliquez sur le bouton ⬅ ou sur la touche *Echap* du clavier pour quitter l'aperçu sans lancer l'impression.

De retour dans la fenêtre Excel, vous pouvez constater qu'après ce premier aperçu, Excel vous indique maintenant l'endroit de la coupure de page par une ligne en pointillés entre les colonnes **E** et **F**.

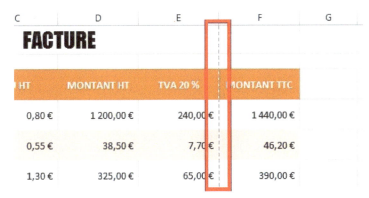

L'existence d'une deuxième page à l'impression n'est heureusement qu'un problème mineur, que nos réglages de mise en page feront disparaître très vite.

La Mise en page

L'onglet *Mise en page* du ruban vous donne un accès direct à tout un ensemble de boutons qui vous permettront d'effectuer tous les réglages nécessaires pour la bonne sortie papier de votre tableau (taille et orientation du papier, marges...).

Commençons par les marges.

Les marges prédéfinies

Les marges sont les espaces vides laissés de chaque côté de la feuille de papier durant l'impression. Ainsi par exemple, notre titre **Facture**, bien que saisi dans la toute première ligne, ne s'imprimera pas tout en haut de la page mais à 1.9 cm de son bord supérieur.

En fait, les marges proposées par Excel lors de la création de tout nouveau classeur sont de 1.8 cm à gauche et à droite et de 1.9 cm en haut et en bas.

Vous pouvez bien sûr choisir de modifier la taille de ces marges, soit en utilisant des tailles de marges prêtes à l'emploi proposées par Excel (Normales, Larges, Etroites), soit choisir de régler vous-même leur taille si votre cas est un peu plus particulier. Pour modifier les marges, procédez comme suit :

- Dans l'onglet *Mise en Page*, déroulez le bouton *Marges*
- Cliquez sur *Etroites*, *Larges*…ou cliquez sur *Marges personnalisées* en bas de liste pour saisir des valeurs particulières

Pour notre tableau, choisissez des marges prédéfinies *Normales*.

Afficher et modifier les marges depuis l'Aperçu avant impression

Vous pouvez si vous le souhaitez demander l'affichage et/ou la modification des marges dans l'écran de l'*Aperçu avant impression* ; une fois affichées, vous pourrez les modifier directement depuis l'aperçu :

- Cliquez sur l'onglet *Fichier* puis sur *Imprimer* pour ouvrir la fenêtre d'impression avec son *Aperçu avant impression*.

- En bas à droite de la fenêtre d'impression, cliquez sur le bouton *Afficher les marges*
- Pour modifier la largeur ou la hauteur d'une des marges, cliquez-glisser sur l'un des traits qui s'affichent. A noter que le trait horizontal tout en haut de la feuille ne représente pas une marge mais le début de la zone d'*En-tête*, tandis que le trait tout en bas de la feuille représente le début de la zone de *Pied de page*.

  Dans notre cas, cliquez-glisser sur la marge haute (deuxième trait horizontal du haut) pour l'agrandir et laisser davantage de place au-dessus de notre tableau.

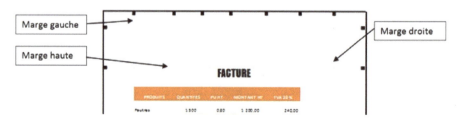

L'orientation du papier

Si votre tableau est **long**, l'orientation papier *Portrait* (vertical) est préférable et s'il est plutôt **large** c'est l'orientation *Paysage* (horizontal) qui est la plus adaptée. A noter que le changement d'orientation ne se voit pas à l'écran mais seulement durant l'impression ou l'aperçu avant impression.

Pour modifier l'orientation du papier à l'impression, procédez comme suit :

- Dans l'onglet *Mise en Page*, déroulez le bouton *Orientation*

- Pour notre tableau, choisissez *Paysage* et vérifiez dans le résultat obtenu dans l'*Aperçu avant impression*

Et voici notre problème de coupure de page réglé grâce à ce changement d'orientation papier ! Par contre, notre tableau est calé à la marge gauche et nous devons maintenant apprendre à le centrer.

Centrer le tableau dans la page

Etrangement, aucun bouton n'a été prévu pour le centrage du tableau dans la page et vous devrez faire appel la boite de dialogue *Mise en page* :

- Déroulez le bouton *Marges* et cliquez sur *Marges Personnalisées*

- En bas à gauche de la fenêtre, choisissez l'option de centrage voulue (*Horizontale* ou *Verticale*) puis vérifier l'effet obtenir dans l'*Aperçu avant impression*.

    Pour notre tableau, cochez uniquement l'option *Horizontalement*

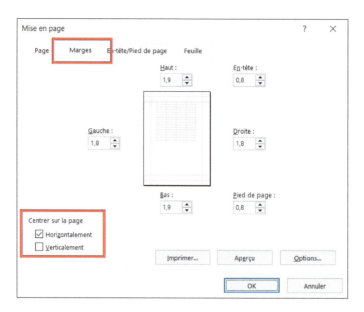

La taille du papier

La taille du papier permet de déterminer le format de sortie du classeur (**A4** soit 21 cm x 29,7 cm étant le plus commun mais il existe d'autres formats comme le **A3** soit 2 fois plus grand que le format A4) ou le format **US** utilisé par les pays anglophones.

- Dans l'onglet *Mise en Page*, déroulez le bouton *Taille*
- Pour notre tableau, nous conserverons le format **A4**

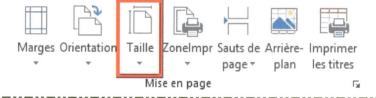

 ## La zone d'impression

A noter que le bouton *Zone d'impression* ne s'avère que rarement utile, car il permet de paramétrer une impression partielle systématique du contenu de la feuille.
Pour définir une zone d'impression, procédez comme suit :
- Sélectionner la plage de cellule à imprimer
- Cliquer sur le bouton *Zone d'impression* puis cliquer sur *Définir*
- Cette zone sera la seule zone du classeur à être imprimée et visible en *Aperçu avant impression*
- Supprimez votre zone d'impression : cliquez sur le bouton *Zone d'impression* puis sur *Annuler*

Le saut de page

L'ajout d'un saut de page permet de forcer l'endroit de la coupure de page dans le cas d'un grand tableau s'imprimant sur plusieurs pages (ce qui n'est pas le cas du nôtre).

- Sélectionnez la colonne ou la ligne avant laquelle devra s'effectuer la coupure de page (pour l'exemple, sélectionnez la colonne **E**)
- Dans l'onglet *Mise en Page*, cliquez sur le bouton *Sauts de page* et choisissez *Insérer un saut de page*

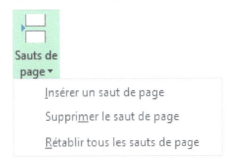

- Un trait grisé indique la rupture de page
- Pour supprimez votre saut de page, resélectionner la colonne **E**, déroulez le bouton *Sauts de page* et choisissez *Supprimer le saut de page*

 ### L'arrière-plan

Excel vous propose de choisir une image d'arrière-plan pour agrémenter votre affichage. Cette option n'est que très peu utilisée car elle ne concerne que l'affichage et ne modifie pas l'impression du tableau.

- Dans l'onglet *Mise en Page*, cliquez sur le bouton *Arrière-plan*
- Sélectionnez l'image à mettre en arrière-plan

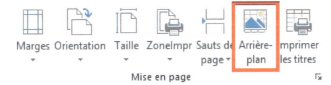

L'impression des titres

Cette fonctionnalité s'avère très utile dans la gestion de grands tableaux, afin de demander à ce que les titres du tableau saisis en colonne ou en ligne se répètent sur chaque page dès lors que la taille du tableau impose plusieurs pages à l'impression.

- Cliquez sur le bouton *Imprimer les titres*

- La boite de dialogue *Mise en page* s'affiche à l'écran

- S'il s'agit de répéter des lignes de titres, positionnez votre curseur dans la zone *Lignes à répéter en haut* puis cliquez sur la feuille pour sélectionner la ou les lignes de titre du tableau (dans notre cas, il s'agirait de cliquer sur la ligne 3 du tableau)

- S'il s'agit de répéter les colonnes de titres, positionnez votre curseur dans la zone *Colonnes à répéter à gauche* puis cliquez sur la feuille pour sélectionner la ou les colonnes de titre du tableau

Ajuster le nombre de pages à l'impression

Cette option mériterait trois étoiles tant elle s'avère utile et peut vous faciliter la vie. Elle permet en effet, pour les tableaux un peu trop grands, d'imposer à Excel une impression limitée à x pages sans avoir pour autant à redimensionner et retravailler nous-mêmes nos polices ou la taille de nos cellules. Nous aurions par exemple pu choisir d'utiliser cette option plutôt que de demander l'orientation du papier à l'horizontal.

En fait, pour tester cet outil, nous allons remettre l'orientation de notre facture en *Portrait* (bouton *Orientation* de l'onglet *Mise en page*). A nouveau, notre tableau ne tient plus sur une page, comme l'atteste le retour les pointillés entre les colonnes **E** et **F**.

Nous allons à présent utiliser les outils du groupe *Mise à l'échelle* de l'onglet *Mise en Page* pour obtenir d'Excel qu'il ajuste la taille du tableau.

- Déroulez le bouton Largeur : Automatic et sélectionnez *1 page*
- Notre tableau n'ayant qu'une page en hauteur, laissez *Automatique* en regard de la zone *Hauteur*
- Regardez le pourcentage affiché dans la zone *Echelle* : Excel vous indique quel taux de réduction il doit appliquer au tableau pour pouvoir l'imprimer sur une seule page en largeur

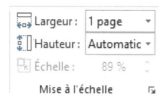

Pour vous en assurer, relancez l'aperçu avant impression et vérifiez le nombre de page indiqué sous la zone d'aperçu ◄ 1 de 1 ► .

 A noter que vous pouvez accéder à certains outils de mise en page directement depuis la fenêtre d'impression.

- Cliquez sur l'onglet *Fichier* puis sur *Imprimer*.
- Dans la colonne de gauche, vous retrouvez sous *Paramètres* les principales options nécessaires à une bonne impression du tableau (orientation, marges, échelle…).

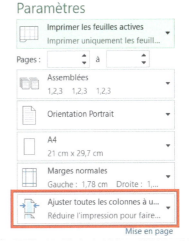

En dernier lieu, le groupe *Options de la feuille de calcul* vous propose d'activer l'impression du quadrillage grisé qui marque les limites des cellules de la feuille (option *Imprimer* sous *Quadrillage*), ou d'imprimer les numéros/lettres des en-têtes de lignes et de colonnes (option *Imprimer* sous *En-têtes*).

L'en-tête et le pied de page

En périphérie de la mise en page, nous allons maintenant aborder les outils spécifiques aux *En-tête* et de *Pied de page*. L'en-tête et le pied de page sont des zones particulières situées en marge haute et basse dans lesquelles vous pouvez ajouter des informations qui non seulement se mettront à jour à chaque impression, mais qui se répèteront également automatiquement sur toutes les pages imprimées si votre tableau fait plusieurs pages.

Pour accéder à la zone d'en-tête ou de pied de page, vous pouvez activer le mode d'affichage *Mise en page* :

- Dans la *barre d'outils Zoom*, en bas à droite de la fenêtre Excel, choisissez l'affichage *Mise en page* 🔲 au lieu de *Normal* ⊞

A noter que vous pouvez également accéder à l'en-tête en cliquant sur le bouton *En-tête* du groupe *Texte* dans l'onglet *Insertion*.

- Les marges de la page apparaissent à l'écran et l'***en-tête***, divisé en trois parties, devient visible au-dessus du tableau (si vous descendez en bas de page, vous visualiserez de la même manière le ***pied de page***).

- Parallèlement, un onglet contextuel ***Création*** s'est affiché à droite des autres onglets du ruban (s'il n'est pas visible, cliquez pour repositionner votre curseur dans l'une des zones de l'en-tête ou du pied de page).

- Cliquez dans la partie gauche de l'en-tête et saisissez par exemple votre prénom. Utilisez le bouton ***Gras*** de l'onglet ***Accueil*** pour le mettre en forme et changez la taille de la police en 9.
- Revenez dans l'onglet contextuel ***Création*** et cliquez sur le bouton ***Atteindre le pied de page*** du groupe ***Navigation*** pour vous positionner rapidement dans le pied de page.
- Cliquez dans la partie droite du pied de page et ajoutez **Stage Excel**. A nouveau, formatez le texte en ***Gras*** et ***taille 9***.
- Nous voulons maintenant tester les outils spécifiques à l'en-tête et au pied de page. Commençons par les deux premiers boutons ***En-tête*** et ***Pied de page*** qui vous proposent d'ajouter instantanément des contenus préétablis. Testez quelques-unes des propositions (vos précédentes saisies seront automatiquement remplacées).
- A la fin de vos tests, enregistrez et refermez votre fichier ***Facture VotrePrénom***.

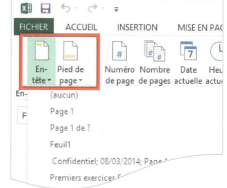

*Pour effectuer les manipulations qui suivent, ouvrez le fichier **Etat des commandes 2016** mis à votre disposition sur le réseau et enregistrez-le dans votre dossier sous le nom **Etat des commandes 2016 VotrePrénom**.*

Cliquez sur l'onglet de la feuille **Janvier 2016** : comme vous pouvez le vérifiez dans l'aperçu avant impression, il s'agit d'un tableau s'étalant sur 6 pages imprimées (3 en hauteur et 2 en largeur).

Activez l'affichage *Mise en page* pour accéder à la zone d'en-tête puis effectuez les manipulations suivantes pour personnaliser votre en-tête :

- Cliquez dans la partie **gauche** de l'en-tête puis cliquez sur le bouton *Date actuelle* : le champ *&[date]* s'affiche, indiquant que la date automatique a été insérée (pour la visualiser, cliquez en dehors de la zone) ; le bouton *Heure actuelle* aurait quant à lui inséré l'heure. Les deux informations seront mises à jour à chaque impression.

- Cliquez dans la partie **centrale** puis cliquez sur le bouton *Nom de fichier* : le champ *&[Fichier]* est inséré, qui affichera automatiquement le nom du classeur Excel

  Saisissez un tiret et cliquez sur le bouton *Nom de la feuille* pour ajouter le nom de l'onglet de la feuille, à savoir **Janvier 2016** (à nouveau, cliquez en-dehors de la zone pour visualiser les informations et non les noms des champs)

- Cliquez dans la partie **droite** puis cliquez sur le bouton *Image* pour insérer une image (sélectionnez l'image **Logo Excel** mise à votre disposition sur le réseau).

  Cliquez sur une cellule en-dehors de l'en-tête pour visualiser l'image : elle est vraisemblablement trop grande et s'étale en-dessous de la zone d'en-tête.

  Pour diminuer sa taille, cliquez à nouveau dans la zone droite de l'en-tête puis cliquez sur le bouton *Format de l'image* de l'onglet *Création* ; choisissez **2 cm** en hauteur et validez.

Si vous lancez maintenant l'aperçu avant impression, vous pourrez vérifier que les informations insérées dans l'en-tête se répètent automatiquement sur les 6 pages imprimées de notre tableau (pour faire défiler les pages, utilisez le bouton ◄ 1 de 6 ► en bas de la fenêtre *Imprimer*).

Cliquez sur le bouton ⬅ pour quitter l'onglet *Fichier* et revenir à votre tableau. Cliquer sur une des zones de l'en-tête de page pour réafficher l'onglet contextuel *Création*.

Nous voulons maintenant ajouter des informations en bas de page :

- Cliquer sur *Atteindre le pied de page* du groupe *Navigation*.

- Cliquez dans la partie **gauche** du pied de page et cliquez sur le bouton *Chemin d'accès* afin d'y inscrire l'emplacement et le nom du fichier (champs *&[Chemin d'accès]&[Fichier]*)

- Cliquez dans la partie **droite** et cliquez sur le bouton *Numéro de page* pour insérer le numéro de la page (champ *&[page]*) ; ajoutez au clavier la barre oblique **/** ou le mot « **sur** » puis cliquez cette fois sur le bouton *Nombre de pages* pour ajouter le nombre total de pages (champ **&[pages]**) sur lesquelles s'imprime le tableau

Vous devez donc obtenir **&[Page] / &[Pages]**, ce qui pour notre tableau s'étalant sur 6 pages donne sur la première page 1 / 6, sur la deuxième 2 / 6 etc...

- Cliquez sur une cellule en-dehors du pied de page pour visualiser le résultat de vos efforts

37		5812	18/01/2014	Stylos feutres verts	S73232718	100	1,00 €	100,00 €	BB2014/165
38		5812	18/01/2014	Stylos feutres noirs	S14598326	100	1,00 €	100,00 €	BB2014/165
39		5812	18/01/2014	Feutres bleus	F76451157	100	0,90 €	90,00 €	BB2014/165

C:\Users\USER\SkyDrive\Excel 2013 Niv 1\Etat des commandes 2014   1/6

Pour finir, quelques options supplémentaires de gestion des en-tête et pied de page vous sont proposées dans le dernier groupe **Options** de l'onglet **Création** :

☐ Première page différente   ☐ Mettre à l'échelle du document

☐ Pages paires et impaires différentes ☑ Aligner sur les marges de page

Options

- Option ***Première page différente*** : si vous cochez cette option, Excel efface le contenu de l'en-tête et du pied de page de la première page du tableau ; vous pouvez ainsi, si vous le souhaitez, créer un en-tête ou un pied de page spécifique à la première page

Premier en-tête de page

- Option ***Pages paires et impaires différentes*** : si vous cochez cette option, vous pourrez différencier l'en-tête et le pied de page selon qu'il s'agit d'une page paire ou impaire

En-tête de page paire

- Option ***Mettre à l'échelle du document*** : si vous cochez cette option, les textes de l'en-tête et du pied de page auront la même échelle d'impression que celle indiquée dans la zone **Echelle** du groupe **Mise à l'échelle** dans l'onglet **Mise en page**
- Option ***Aligner sur les marges de page*** : si vous cochez cette option, la longueur des zones de l'en-tête et du pied de page s'adapte aux marges décidées dans la mise en page

Nous en avons terminé avec l'en-tête et le pied de page de notre feuille **Janvier 2016**. Revenez à un affichage *Normal* (bouton ⊞ en bas à droite de la fenêtre Excel) et enregistrez le classeur **Etat des commandes 2016 VotrePrénom**.

Exercice

Ouvrez votre classeur **Etat des commandes 2016 VotrePrénom** et activez la deuxième feuille du classeur nommée **Février 2016**. Effectuez les manipulations suivantes :

- Choisissez des marges étroites

- Personnalisez la hauteur de la marge haute en l'augmentant à 3,9 cm

- Faites en sorte qu'Excel limite l'impression du tableau à 1 page en largeur (laissez automatique pour la hauteur). Notez au passage le zoom de réduction appliqué.

- Demandez à ce que la ligne **18** du tableau contenant les titres se répète automatiquement en haut de chaque page imprimée

- Dans l'en-tête de page, ajoutez les éléments suivants :

    - A gauche votre prénom en italique et gras

    - Au milieu la date et l'heure automatiques sur deux lignes différentes

    - A droite l'image de votre choix, 3 cm de hauteur maximum

- Dans le pied de page, ajoutez les éléments suivants :

    - A gauche le chemin d'accès au fichier, en police taille 9 couleur grise

      Le nom de la feuille sur la ligne en-dessous

    - A droite le numéro de page sur le nombre de pages

A la fin de l'exercice, enregistrez le classeur

L'impression

Lorsque vous aurez fini de préparer votre tableau avec la mise en page et les en-têtes et pieds de page, vous aurez sans doute envie de l'imprimer.

Si vous cliquez sur le bouton *Imprimer* normalement visible dans la barre d'outils *Accès rapide*, vous lancerez l'impression de votre tableau en l'état, sans possibilité de le pré-visualiser une dernière fois avant sa sortie sur papier.

Si vous avez le moindre doute, n'hésitez pas à lancer l'aperçu avant impression. Pour cela, vous pouvez soit cliquer sur le bouton *Aperçu et impression* de la barre d'outils *Accès rapide*, soit passer par l'onglet *Fichier* et sa commande *Imprimer*.

Vous accèderez alors à certaines options pour votre impression :

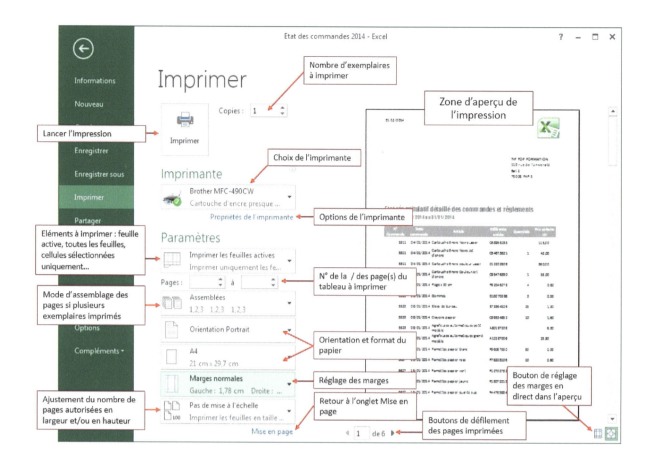

 *A noter plus particulièrement le discret bouton **Afficher les marges*** ⊞ *en bas à droite de l'écran qui permet de modifier les marges ou les largeurs de colonnes par simple cliquer-glisser directement depuis l'**Aperçu**.*

A CE POINT DU MANUEL, REALISER DES EXERCICES DE MISE EN APPLICATION POUR VALIDER LES CONNAISSANCES ACQUISES ⑤

Classeur, feuille, pages quelques éclaircissements…

Lorsque vous créez un nouveau ***classeur*** Excel (ou fichier Excel), vous pouvez créer une ou plusieurs ***feuilles*** à l'intérieur de ce classeur, chaque feuille contenant à son tour un grand nombre de lignes et de colonnes. Une feuille pourra donc générer plusieurs ***pages*** à l'impression si vous utilisez beaucoup de ses lignes et colonnes pour saisir un grand tableau ou une liste.

Utilisez la possibilité de stocker plusieurs feuilles dans un même classeur pour rassembler des tableaux traitant d'un même sujet (par exemple, le classeur **Etat des commandes 2016** peut contenir 12 feuilles dans lesquelles ont été saisies les commandes de chaque mois, plus une treizième feuille contenant un tableau récapitulatif de l'année).

Si deux tableaux doivent être imprimés sur une même page, ils devront dans ce cas être créés sur la même feuille Excel ; dans tous les autres cas, il est plus simple de ne créer qu'un tableau par feuille.

A noter que si l'enregistrement d'un classeur concerne le classeur entier et donc toutes ses feuilles, l'impression et la mise en page se font par défaut au niveau de la feuille active uniquement.

La gestion des feuilles de calculs

*Pour effectuer les manipulations qui suivent, rouvrez le classeur **Etat des commandes 2013** mis à votre disposition sur le réseau.*

On entend par gestion des feuilles non seulement le fait de renommer une feuille du classeur, mais également d'en créer une nouvelle, de copier, déplacer ou encore supprimer une feuille existante.

Il est indispensable de s'astreindre à renommer les onglets des feuilles de calcul, notamment lorsque le classeur contient beaucoup de feuilles. Cela vous permettra de repérer plus facilement vos différents tableaux dans le classeur.

Onglets et navigateur

Les *onglets* de feuille, affichés en bas de la fenêtre Excel, permettent de changer de feuille par un simple clic sur l'onglet correspondant.

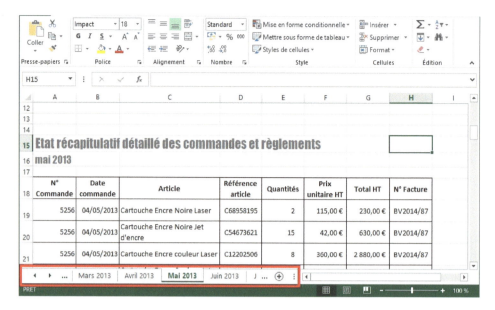

Défilement des feuilles

- Pour faire défiler les onglets de feuilles, utilisez les flèches ◀ ▶ sur la gauche ou cliquez sur les boutons ⋯ de part et d'autre des onglets

- Pour afficher les premières feuilles du classeur, cliquez sur la flèche ◀ en maintenant la touche **Ctrl** du clavier enfoncée ; pour afficher les dernières feuilles du classeur, cliquez sur la flèche ▶ en maintenant la touche **Ctrl** du clavier enfoncée

- Pour augmenter ou diminuer le nombre d'onglets affichés, cliquez sur le bouton ⋮ à droite du bouton ⊕ et glissez vers la gauche ou vers la droite.

 *Si vous effectuez un clic droit sur l'une des flèches du **navigateur**, Excel vous affichera la liste des feuilles du classeur.*

Insérer une nouvelle feuille

- Cliquez sur le bouton *Nouvelle feuille* ⊕ ; la nouvelle feuille s'ajoute après la feuille active.

Supprimer une feuille

- Cliquez droit sur l'onglet de la feuille puis cliquez sur ***Supprimer***
Ou
- Activez la feuille à supprimer et dans l'onglet ***Accueil,*** groupe ***Cellules***, cliquez sur ***Supprimer une feuille***

Renommer une feuille

Excel nomme par défaut les feuilles du classeur Feuil1, Feuil2, etc. Vous pouvez (et même devez) les renommer. Le nom peut comporter jusqu'à 31 caractères, espaces inclus.

- Cliquez droit sur l'onglet de la feuille à renommer puis cliquez sur *Renommer* et saisissez le nom de la feuille avant de valider par *Entrée*

    Par exemple, renommez la feuille **Feuil4** en **Récap 2013**

  ou

- Double-cliquez sur l'onglet de la feuille à renommer et saisissez son nom avant de valider par *Entrée*

Déplacer ou copier une feuille

Déplacer ou copier une feuille dans le même classeur

- Cliquez droit sur l'onglet de la feuille à déplacer (**Récap 2013**) puis cliquer sur *Déplacer ou copier*
- La boite de dialogue ci-dessous s'affiche à l'écran

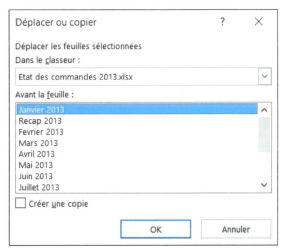

- Nous voulons déplacer la feuille dans le même classeur, nous laisserons donc **Etat des commandes 2013** sélectionné dans la zone *Dans le classeur*
- La liste des feuilles contenues dans le classeur sélectionné s'affiche sous *Avant la feuille* : cliquez sur la feuille avant laquelle devra se repositionner **Recap 2013** (par exemple **Avril 2013**)
- Nous voulons seulement déplacer notre feuille et non la dupliquer, nous ne cocherons donc pas l'option *Créer une copie*

 Pour **déplacer** plus rapidement une feuille, vous pouvez tout simplement faire glisser l'onglet de la feuille et le relâchez à la nouvelle position voulue. Par exemple, faites glisser la feuille **Recap 2013** en première position dans le classeur (une petite page blanche devient visible pendant la manipulation).

Pour **dupliquer** une feuille, faites-la glisser comme pour un déplacement mais en maintenant la touche clavier *Ctrl* enfoncée ; une petite page blanche avec le signe + devient visible pendant la manipulation .

A noter que lorsque vous dupliquez une feuille, vous copiez non seulement les données qu'elle contient mais également sa mise en page (marges, orientation, échelle, en-têtes...), sans oublier les largeurs de colonnes et hauteurs de lignes. Cette méthode est donc à favoriser par rapport à un simple copier-coller du tableau sur une feuille vierge.

Déplacer ou copier une feuille dans un autre classeur

Admettons maintenant que nous voulions déplacer ou copier notre feuille **Recap 2013** de notre classeur **Etat des commandes 2013** dans un autre classeur, par exemple le classeur **Etat des commandes 2016**.

Il nous suffira de procéder de même, après avoir pris soin d'ouvrir les deux classeurs.

- Si ce n'est pas déjà fait, ouvrez les deux classeurs **Etat des commandes 2016** et **Etat des commandes 2013**

- Dans le classeur **Etat des commandes 2013**, cliquez droit sur l'onglet de la feuille à copier (**Recap 2013**) puis cliquer sur *Déplacer ou copier*

- La boite de dialogue *Déplacer ou copier* s'affiche à l'écran

- Cliquez sur la flèche déroulante de la zone *Dans le classeur* et sélectionnez dans la liste le classeur cible, à savoir **Etat des commandes 2016**

- Dans la liste des feuilles, cliquez sur la feuille avant laquelle devra se repositionner **Recap 2013** (par exemple **Janvier 2016**)

- Nous voulons dupliquer notre feuille, nous cochons donc l'option *Créer une copie*

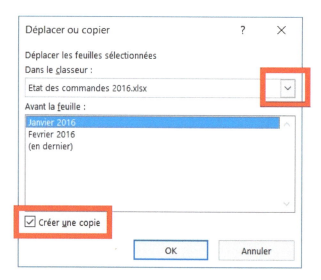

- Lorsque vous validez, Excel copie la feuille **Recap 2013** et l'affiche à l'écran. Renommez la feuille **Recap 2016**.

Enregistrez et refermez le classeur **Etat des commandes 2016** mais conservez **Etat des commandes 2013** ouvert.

Travailler sur un groupe de travail

La sélection de plusieurs feuilles simultanément crée ce qu'Excel appelle un *Groupe de travail*.

Un *groupe de travail* vous permet d'effectuer une action (saisie de données, mises en forme, mise en page, etc.) sur plusieurs feuilles du classeur en même temps.

Activer le mode Groupe de travail

Admettons par exemple que nous voulions ajouter une couleur à nos cellules de titre pour les tableaux de janvier à mars sans avoir à intervenir feuille par feuille. Voici comment procéder :

- Sélectionnez les feuilles **Janvier**, **Février** et **Mars** (pour sélectionner plusieurs feuilles, cliquez sur la première feuille puis maintenez la touche *Ctrl* du clavier enfoncée et cliquez sur les autres feuilles à sélectionner)

- Vérifiez dans la barre de titre de la fenêtre Excel que l'indication *[Groupe de travail]* s'est bien ajoutée à la suite du nom du fichier

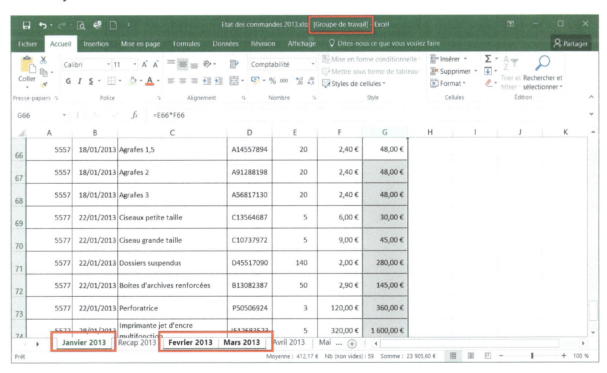

- Sélectionnez les cellules **A18** jusqu'à **G18** et ajoutez une couleur de remplissage aux cellules ; la couleur s'ajoute non seulement sur la feuille active affichée à l'écran, mais également sur les deux autres feuilles sélectionnées

Bien que très efficace et source de gain de temps lorsque vous avez des feuilles similaires dans un classeur, le mode *Groupe de travail*, peu visible, peut s'avérer dangereux si vous oubliez que vous avez sélectionné plusieurs feuilles et que ce que vous faites sur l'une se reporte sur les autres.

Après vos manipulations, veillez à désactiver immédiatement ce mode de travail.

Désactiver le mode Groupe de travail

- Pour désactiver le mode *Groupe de travail*, cliquez sur l'onglet d'une feuille qui ne fait pas partie du groupe (par exemple sur la feuille **Avril 2013**) ; si toutes les feuilles du classeur sont sélectionnées, cliquez sur une des feuilles au hasard
- Vérifiez dans la barre de titre de la fenêtre que la mention *Groupe de travail* a bien disparu

Ajouter / Supprimer lignes et colonnes

*Pour effectuer les manipulations qui suivent, rouvrez le classeur **Etat des commandes 2013** mis à votre disposition sur le réseau et activez la feuille **Janvier 2013**.*

Si vous avez oublié une colonne dans votre tableau, ne croyez pas que tout est à recommencer : Excel vous permet d'ajouter une colonne oubliée ou, à l'inverse, de supprimer une colonne devenue inutile. Dans ce cas, les autres colonnes se renuméroteront instantanément et vos formules s'adapteront automatiquement.

Bien sûr, il en va de même pour les lignes de la feuille.

Imaginons par exemple que dans notre tableau **Janvier 2013**, nous voulions rajouter une colonne indiquant le nom du fournisseur entre la colonne **Référence article** et **Quantités**. Voici comment procéder :

- Sélectionnez la colonne avant laquelle vous désirez insérer une nouvelle colonne (ici la colonne **E**)
  Rappel : pour sélectionner toute une colonne, vous devez cliquer sur son **en-tête grisé** en-dessous de la barre de formule

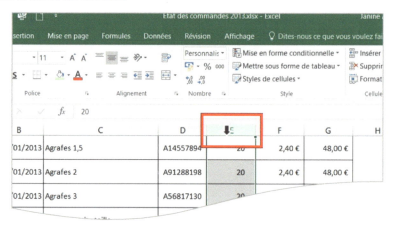

- Dans l'onglet *Accueil*, groupe *Cellules*, déroulez le bouton *Insérer*
- Cliquez sur *Insérer des colonnes dans la feuille*

Excel insère une nouvelle colonne avant la colonne des *Quantités*, qui devient donc la colonne **F**.

Nous renonçons finalement à notre nouvelle colonne et voulons la supprimer :

- Sélectionnez la colonne **E**
- Dans l'onglet *Accueil*, groupe *Cellules*, déroulez le bouton *Supprimer*
- Cliquez sur *Supprimer des colonnes dans la feuille*

Vous pouvez procéder de la même façon pour ajouter des lignes dans la feuille, en cliquant cette fois sur l'en-tête de la ligne avant laquelle vous voulez insérer la ou les nouvelles lignes et en utilisant la commande *Insérer des lignes dans la feuille*. Le principe est le même pour la suppression.

 Pour insérer ou supprimer rapidement ligne ou colonne, vous pouvez utiliser le raccourci suivant : cliquez droit sur l'en-tête d'une colonne ou d'une ligne puis dans la liste qui s'affiche, cliquez sur **Insertion** *ou sur* **Supprimer**.

L'impression vers un fichier PDF

Il est de plus en plus fréquent que nos fichiers soient transférés à d'autres personnes via la messagerie. Cependant, rien n'indique que la personne à qui vous l'envoyez dispose bien d'Excel. Dans ce cas, il peut être intéressant de créer un autre fichier de type *PDF*, qui se créera en reprenant exactement l'aspect de votre fichier tel qu'il serait imprimé.

Voici comment procéder :

- Ouvrez votre classeur **Etat des commandes 2013** et dans l'onglet *Fichier*, cliquez sur *Exporter*
- Dans la fenêtre qui s'affiche, cliquez sur *Créer un document PDF/XPS* puis sur le bouton *Créer PDF/XPS*
- Saisissez le nom du fichier à créer et choisissez son emplacement avant de cliquer sur le bouton *Publier*

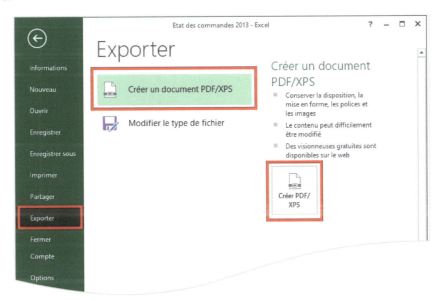

- Un fichier au format PDF est créé et sera visualisable à l'aide du logiciel **ADOBE READER**

Etat des commandes 2013
Adobe Acrobat Document
378 Ko

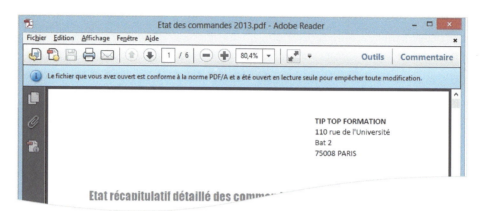

 *Si vous souhaitez visualiser votre fichier, refermez momentanément la fenêtre Excel et utilisez l'**Explorateur Windows** (bouton dans la barre des tâches Windows) pour double-cliquer sur le fichier et l'ouvrir (le fichier sera ouvert par le programme **Adobe Reader**).*

 Si vous voulez juste envoyer votre fichier par messagerie sans en conserver une copie ailleurs que dans votre message, vous pouvez dans ce cas choisir la procédure suivante :
- Dans l'onglet *Fichier*, cliquez sur *Partager*
- Cliquez sur *Courrier électronique* puis sur *Envoyer en tant que PDF*

- Un nouveau message se crée, avec votre fichier déjà inclus en pièce jointe

Les fonctions statistiques

Nous avons découvert les formules de calcul au fil de nos manipulations. Nous avons également brièvement abordé un autre type de calcul, les *Fonctions* d'Excel. Nous l'avons fait à travers l'utilisation de la fonction *Somme automatique*, facilement utilisable grâce à son bouton Σ ⋅.

Mais Excel dispose de très nombreuses fonctions (environ 400), dont nous voulons maintenant vous faire découvrir les plus utilisées de toutes, à savoir celles permettant d'effectuer des statistiques : **Moyenne, NB, Max** et **Min.**

Ces fonctions sont disponibles en cliquant sur la flèche déroulante ▾ du bouton *Somme automatique* Σ ⋅ de l'onglet *Accueil*, groupe *Edition*.

Pour tester les fonctions, rouvrez le classeur **Etat des commandes par service** *mis à votre disposition sur le réseau et activez la feuille* **Comparatif services.**

Commençons par revoir la fonction *Somme* en réalisant les totaux en ligne **12** :

- Cliquez sur la cellule **B12**, la première dans laquelle nous voulons réaliser une somme
- Dans l'onglet *Accueil*, groupe *Edition*, cliquez sur le bouton *Somme automatique* Σ ⋅
- Excel inscrit **=SOMME(B5:B11)** dans la cellule, ce qui nous convient : validez par *Entrée*

 Lorsque l'on utilise une fonction, le signe : (deux points) signifie « jusqu'à ». Ici, Excel effectuera donc la somme sur les cellules B5 jusqu'à B11.

Bien sûr, nous aurions obtenu exactement le même résultat en saisissant la formule suivante : =B5+B6+B7+B8+B9+B10+B11

Nous devons obtenir la même formule dans les cellules des années suivantes. Cette fois, nous devons utiliser un copier-coller classique et non la poignée de recopie incrémentée car nos cellules sont distantes l'une de l'autre :

- Sélectionnez la cellule B12
- Dans l'onglet *Accueil*, groupe *Presse-papiers*, cliquez sur le bouton *Copier* 🗐 (Excel mémorise la sélection)
- Sélectionnez la cellule **E12**
- Dans l'onglet *Accueil*, groupe *Presse-papiers*, cliquez sur le bouton *Coller* 📋 : Excel recopie notre formule

- Cliquez sur la cellule **H12** puis à nouveau sur le bouton *Coller* : la formule précédemment mémorisée est toujours disponible et est à nouveau recopiée dans la cellule **H12**
- Cliquer sur la cellule **K12** puis encore une fois sur le bouton *Coller* : la formule est cette fois encore recopiée, mais les cellules au-dessus n'ayant pas encore de contenu, le résultat est 0, affiché sous forme d'un tiret (en raison du format de nombre € appliqué sur la cellule). N'effacez surtout pas la formule, qui est correcte, tout rentrera dans l'ordre d'ici un instant !

Vous devez obtenir le résultat suivant :

	Année 2014			Année 2015			Année 2016		Global 2014 - 2016	Total	Moyenne
Administratif	47 000 €		Administratif	31 000 €		Administratif	20 000 €		Administratif		
Commercial	54 500 €		Commercial	74 500 €		Commercial	50 400 €		Commercial		
Compta	26 000 €		Compta	30 300 €		Compta	42 610 €		Compta		
Entretien	27 000 €		Entretien	45 000 €		Entretien	74 400 €		Entretien		
Gestion	38 000 €		Gestion	30 400 €		Gestion	41 000 €		Gestion		
Personnel	28 000 €		Personnel	52 000 €		Personnel	39 000 €		Personnel		
						Marketing	48 000 €		Marketing		
TOTAL 2014	220 500 €		TOTAL 2015	263 200 €		TOTAL 2016	315 410 €		TOTAL 2014-2016	- €	
Moyenne			Moyenne			Moyenne			Moyenne		
Nb de services			Nb de services			Nb de services			Nb de services		
Minimum			Minimum			Minimum			Minimum		
Maximum			Maximum			Maximum			Maximum		

Nous allons maintenant devoir réaliser en colonne K la somme de cellules non adjacentes. Voici comment procéder :
- Cliquez sur la cellule **K5**, la première dans laquelle nous voulons réaliser la somme des services
- Dans l'onglet *Accueil*, groupe *Edition*, cliquez sur le bouton *Somme automatique* Σ ·
- Excel inscrit **=SOMME(H5:J5)**, ce qui ne nous convient pas et que nous devons corriger :
  - A l'aide de votre souris, cliquez sur la première cellule à additionner, à savoir **B5**
  - Saisissez le signe **;** (*point-virgule*) au clavier
  - Cliquez sur la seconde cellule à additionner, à savoir **E5**
  - Saisissez le signe **;** au clavier
  - Cliquez sur la dernière cellule à additionner, à savoir **H5**
- Vous devez avoir obtenu **=SOMME(B5;E5;H5)**
- Validez par *Entrée*

 *Lorsque l'on utilise une fonction, le signe **;** (point-virgule) signifie « et ». Ici, Excel effectuera donc la somme des cellules B5 et E5 et H5.*

Nous voulons recopier la formule sur les cellules du dessous et cette fois, la *poignée de recopie incrémentée* peut tout à fait être utilisée :
- Cliquez sur la cellule **K5**
- Visez la poignée en bas à droite de la cellule et cliquez-glissez jusqu'à **K11**
- Lorsque vous relâchez la souris, la cellule est bien recopiée.

Oui, mais...

Mais son format a également été recopié, ce qui nous fait perdre l'alternance de couleurs de lignes bleues-blanches. Or, nous préférons conserver nos couleurs … et il suffit de le demander :

- Cliquez sur la **balise de recopie** ⊞ qui s'est affichée juste en-dessous de la dernière cellule recopiée (si elle n'apparaît plus, cliquez sur le bouton ↶ pour annuler puis refaites votre recopie)

- Dans la liste qui s'affiche, cliquez sur *Recopier les valeurs sans la mise en forme*

Vous devez obtenir le résultat suivant :

La fonction MOYENNE

Nous allons maintenant réaliser les moyennes de nos différents tableaux.

- Sélectionnez la cellule **B14**

- Dans l'onglet *Accueil*, groupe *Edition*, cliquez sur la flèche déroulante du bouton *Somme automatique* Σ ᐧ

- Dans la liste qui s'affiche, cliquez sur *Moyenne*

- Excel propose de réaliser la moyenne sur les cellules **B12** à

- **B13**, ce qui ne nous convient pas, mais il suffit de le corriger : à l'aide de votre souris, cliquez-glissez tout simplement sur les cellules **B5** jusqu'à **B11**

- Vous devez avoir obtenu **=MOYENNE(B5:B11)**

- Validez par *Entrée*

Comme précédemment, utilisez les outils *Copier* et *Coller* du groupe *Presse-papiers* pour recopier la formule sur les trois autres tableaux. Vous devez obtenir le résultat suivant :

Année 2014		Année 2015		Année 2016		Global 2014 - 2016	Total	Moyenne
Administratif	47 000 €	Administratif	31 000 €	Administratif	20 000 €	Administratif	98 000 €	
Commercial	54 500 €	Commercial	74 500 €	Commercial	50 400 €	Commercial	179 400 €	
Compta	26 000 €	Compta	30 300 €	Compta	42 610 €	Compta	98 910 €	
Entretien	27 000 €	Entretien	45 000 €	Entretien	74 400 €	Entretien	146 400 €	
Gestion	38 000 €	Gestion	30 400 €	Gestion	41 000 €	Gestion	109 400 €	
Personnel	28 000 €	Personnel	52 000 €	Personnel	39 000 €	Personnel	119 000 €	
				Marketing	48 000 €	Marketing	48 000 €	
TOTAL 2014	220 500 €	TOTAL 2015	263 200 €	TOTAL 2016	315 410 €	TOTAL 2014-2016	799 110 €	
Moyenne	36 750 €	Moyenne	43 867 €	Moyenne	45 059 €	Moyenne	114 159 €	

La fonction NB

Après avoir réalisé la somme et la moyenne de nos dépenses, nous souhaitons connaître le nombre de services sur lequel porte nos statistiques. Il s'agit d'utiliser une des fonctions de comptage d'Excel.

La fonction de comptage listée par le bouton *Somme automatique* est la fonction *NB*, dont le rôle est de compter les cellules contenant des nombres (ou des dates) parmi les cellules que vous lui indiquez.

- Sélectionnez la cellule **B15**
- Dans l'onglet *Accueil*, groupe *Edition*, cliquez sur la flèche déroulante du bouton *Somme automatique* Σ ᐧ
- Dans la liste qui s'affiche, cliquez sur *NB*
- Excel propose de faire porter notre calcul sur la cellule **B14**, ce qui ne nous convient pas : à l'aide de votre souris, cliquez-glissez tout simplement sur les cellules **B5** jusqu'à **B11**
- Vous devez avoir obtenu **=NB(B5:B11)**
- Validez par *Entrée*
- Le résultat affiché est **6**, car Excel ne compte pour 1 que les cellules occupées par une valeur numérique et ignore donc la cellule vide **B11**
- Comme précédemment, recopiez la fonction sur les cellules des trois autres tableaux

Vous devez obtenir le résultat suivant :

Année 2014		Année 2015		Année 2016		Global 2014 - 2016	Total	Moyenne
Administratif	47 000 €	Administratif	31 000 €	Administratif	20 000 €	Administratif	98 000 €	
Commercial	54 500 €	Commercial	74 500 €	Commercial	50 400 €	Commercial	179 400 €	
Compta	26 000 €	Compta	30 300 €	Compta	42 610 €	Compta	98 910 €	
Entretien	27 000 €	Entretien	45 000 €	Entretien	74 400 €	Entretien	146 400 €	
Gestion	38 000 €	Gestion	30 400 €	Gestion	41 000 €	Gestion	109 400 €	
Personnel	28 000 €	Personnel	52 000 €	Personnel	39 000 €	Personnel	119 000 €	
				Marketing	48 000 €	Marketing	48 000 €	
TOTAL 2014	220 500 €	TOTAL 2015	263 200 €	TOTAL 2016	315 410 €	TOTAL 2014-2016	799 110 €	
Moyenne	36 750 €	Moyenne	43 867 €	Moyenne	45 059 €	Moyenne	114 159 €	
Nb de services	6	Nb de services	6	Nb de services	7	Nb de services	7	

Les fonctions MIN et MAX

Comme leur nom le laisse supposer, les fonctions *MIN* et *MAX* indiquent respectivement le nombre le moins élevé ou le nombre le plus élevé parmi l'ensemble des nombres sélectionnés.

Egalement listées dans le bouton *Somme automatique*, nous vous proposons de les tester durant l'exercice qui suit.

Exercice

Complétez le tableau en saisissant les formules nécessaires sur les lignes **16** et **17**.

En colonne **L**, réalisez également la moyenne des dépenses. Vous devez obtenir le résultat suivant :

	Année 2014			Année 2015			Année 2016		Global 2014 - 2016	Total	Moyenne
Administratif	47 000 €		Administratif	31 000 €		Administratif	20 000 €		Administratif	98 000 €	32 667 €
Commercial	54 500 €		Commercial	74 500 €		Commercial	50 400 €		Commercial	179 400 €	59 800 €
Compta	26 000 €		Compta	30 300 €		Compta	42 610 €		Compta	98 910 €	32 970 €
Entretien	27 000 €		Entretien	45 000 €		Entretien	74 400 €		Entretien	146 400 €	48 800 €
Gestion	38 000 €		Gestion	30 400 €		Gestion	41 000 €		Gestion	109 400 €	36 467 €
Personnel	28 000 €		Personnel	52 000 €		Personnel	39 000 €		Personnel	119 000 €	39 667 €
						Marketing	48 000 €		Marketing	48 000 €	48 000 €
TOTAL 2014	220 500 €		TOTAL 2015	263 200 €		TOTAL 2016	315 410 €		TOTAL 2014-2016	799 110 €	
Moyenne	36 750 €		Moyenne	43 867 €		Moyenne	45 059 €		Moyenne	114 159 €	
Nb de services	6		Nb de services	6		Nb de services	7		Nb de services	7	
Minimum	26 000 €		Minimum	30 300 €		Minimum	20 000 €		Minimum	48 000 €	
Maximum	54 500 €		Maximum	74 500 €		Maximum	74 400 €		Maximum	179 400 €	

A CE POINT DU MANUEL, REALISER DES EXERCICES DE MISE EN APPLICATION POUR VALIDER LES CONNAISSANCES ACQUISES 6

La recopie de formules

Nous l'avons vu, les formules de calcul contiennent le plus souvent des références de cellules. Il est temps pour nous de nous intéresser de plus près à ce qui se passe exactement lorsque l'on recopie ces formules.

Pour effectuer les manipulations qui suivent, ouvrez le classeur **Exercices Références absolues** *mis à votre disposition sur le réseau. Activez la feuille* **Frais kilométriques**.

Pour commencer, saisissez la première de nos formules :

- Cliquez en cellule **E5** et saisissez **=B5+C5+D5**
- Utilisez la *poignée de recopie incrémentée* pour recopier la formule sur les cellules **E6** à **E9**

Tout fonctionne bien, mais que s'est-il passé exactement au moment de la recopie de notre formule ? Si vous sélectionnez la cellule **E6** et regardez dans la *barre de formule*, vous constaterez que notre formule a été modifiée par Excel et que **=B5+C5+D5** est devenue **=B6+C6+D6**.

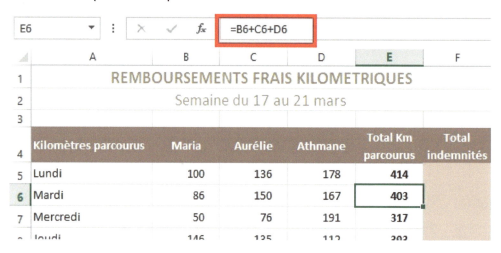

Sur les cellules du dessous, la formule a été modifiée en **=B7+C7+D7** puis **=B8+C8+D8** et ainsi de suite.

En fait, il faut savoir qu'Excel modifie par défaut les références des cellules durant la recopie d'une formule afin d'adapter la formule à sa nouvelle position.

C'est aussi vrai en colonne qu'en ligne : faisons le test en additionnant les cellules de la colonne **B** :

- Cliquez en cellule **B10** et utilisez la *Somme automatique* pour additionner les cellules **B5** à **B9**
  La formule obtenue doit être **=SOMME(B5:B9)**
- Utilisez la *poignée de recopie incrémentée* pour recopier la formule sur les cellules **C10** à **E10**
- Cliquez sur une des cellules recopiées, par exemple **D10**, et regardez ce qu'est devenue votre formule : elle a été modifiée, cette fois au niveau des références de colonnes et est devenue **=SOMME(D5:D9)**

Le fait qu'Excel modifie automatiquement nos références de cellules durant la recopie nous convient parfaitement la plupart du temps. Mais parfois, ce mode de fonctionnement devient un problème et ne nous convient plus du tout !

Voyons la suite de notre exercice : il s'agit à présent de calculer les indemnités en fonction du chiffre saisi en cellule **C13**. Commençons par la colonne **F** :

- Cliquez en cellule **F5** et saisissez la formule **=E5*C13**
- Utilisez la poignée de recopie incrémentée pour recopier la formule sur les cellules F6 à F10

Cette fois, la recopie de notre formule se passe mal et nos cellules affichent **0** ! Que s'est-il passé ?

Tout simplement que dans ce nouveau cas de figure, la logique d'Excel durant la recopie de notre formule ne nous arrange qu'à moitié. En effet, lorsque nous avons recopié vers le bas notre formule **=E5*C13**, Excel l'a modifiée en **=E6*C14**, puis **=E7*C15** et ainsi de suite...

Or, si la modification de la référence **E5** nous convient, nous voulons qu'Excel considère **C15** comme une **constante** et ne la modifie pas durant la recopie de la formule.

Les références absolues de cellules

La solution ? Ajouter un code qui transformera notre référence **C15** en *référence absolue* **C15**, c'est-à-dire en référence non modifiable par Excel durant la recopie de la formule.

- **C15** est ce que l'on appelle une *référence relative* de cellule, elle peut être modifiée durant la recopie de la formule. Excel utilise par défaut des références relatives.
- **C15** est une *référence absolue* de cellule : ce type de référence reste inchangée durant la recopie de la formule.

Nous devons donc corriger notre formule saisie en **F5** avant de la recopier :

- Cliquez sur la cellule **F5** puis dans la barre de formule, corrigez la formule en **=E5*C13**
- Utilisez la *poignée de recopie incrémentée* pour recopier la formule jusqu'en cellule **F10**

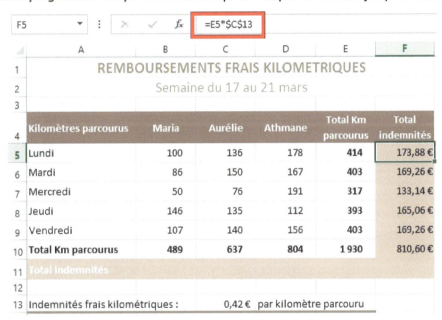

A noter qu'au lieu de saisir vous-même les **$**, vous pouvez utiliser la touche de fonction **F4** du clavier pour qu'Excel les ajoute automatiquement :
- *sélectionnez la cellule **F5** puis cliquez dans la barre de formule pour positionner votre curseur près de la référence à corriger, à savoir **C13***
- *appuyez autant de fois que nécessaire sur la touche de fonction **F4** du clavier : Excel ajoute ou enlève automatiquement les **$** à la cellule touchée par le curseur*

Les différents modes d'adressage des cellules

C13 - Référence relative	**C13 -Référence absolue**
En cas de recopie de la formule, la cellule sera modifiée	En cas de recopie de la formule, la cellule ne sera pas modifiée
$C13 - Référence mixte	**C$13 - Référence mixte**
En cas de recopie de la formule, la colonne ne sera pas modifiée mais la ligne pourra être modifiée	En cas de recopie de la formule, la colonne pourra être modifiée mais la ligne ne sera pas modifiée

Lorsque vous utilisez la touche **F4**, Excel fait défiler les 4 différents types d'adressage de cellule.

Nous allons terminer l'exercice **Frais kilométriques** :

- Sélectionnez la cellule **B11** et saisissez la formule **=B10*C13** ; avant de valider, appuyez une fois sur **F4** pour modifier **C13** en référence absolue **C13**

  Votre formule devient **=B10*C13**
- Utilisez la poignée de recopie pour recopier la formule de **C11** à **E11.** Vous devez obtenir le résultat suivant :

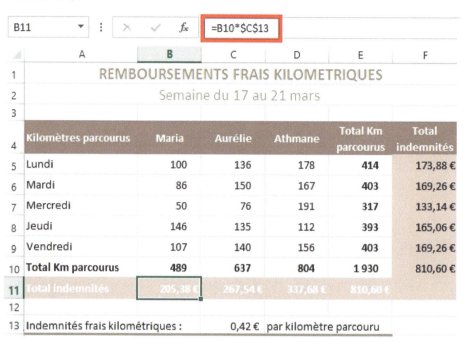

Exercice

Ouvrez le classeur **Exercices Références absolues** *mis à votre disposition sur le réseau. Activez la feuille* **Gourmandises**.

	A	B	C	D	E
1	LES GOURMANDISES				
2					TVA :
3	Produits	Prix HT au kg	Quantité	Total HT	5,50%
4	Sucre d'orge	3,00 €	2,5		
5	Berlingots	3,40 €	6,0		
6	Caramels	2,90 €	2,0		
7	Chocolats	4,00 €	10,0		
8	Guimauves	4,40 €	3,0		
9	Total HT				
10	Total TVA				
11	Total TTC				

Complétez le tableau comme indiqué ci-dessous, en ne saisissant chaque fois pour les colonnes **D** et **E** que la première formule, que vous devrez recopier sur les cellules des lignes **5** à **8** :

- Calculez les totaux HT de la colonne **D**.
- Calculez le montant de la TVA en colonne **E**, en utilisant la cellule **E3** dans votre formule de calcul

- En cellule **D9**, utilisez une fonction pour calculer le total des montants HT
- En cellule **E10**, utilisez une fonction pour calculer le total de la TVA
- En cellule **E11**, calculez le total TTC à payer
- En cellule **C13**, utilisez une fonction pour calculer le nombre de produits
- En cellule **C14**, utilisez une fonction pour calculer la moyenne des quantités
- Formatez vos résultats comme il convient (deux décimales après la virgule pour les €)

Vous devez obtenir le résultat suivant :

	A	B	C	D	E
1	LES GOURMANDISES				
2					TVA :
3	Produits	Prix HT au kg	Quantité	Total HT	5,50%
4	Sucre d'orge	3,00 €	2,5	7,50 €	0,41 €
5	Berlingots	3,40 €	6,0	20,40 €	1,12 €
6	Caramels	2,90 €	2,0	5,80 €	0,32 €
7	Chocolats	4,00 €	10,0	40,00 €	2,20 €
8	Guimauves	4,40 €	3,0	13,20 €	0,73 €
9	Total HT			86,90 €	
10	Total TVA				4,78 €
11	Total TTC				91,68 €
12					
13	Nombre de produits :		5		
14	Moyenne des quantités :		4,70		

Exercice

Ouvrez le classeur **Exercices Références absolues** *mis à votre disposition sur le réseau* et ajoutez une nouvelle feuille, que vous renommerez **STATISTIQUES MAGASINS**.

Saisissez et mettez en forme le tableau suivant en utilisant au maximum la *poignée de recopie incrémentée* pour créer la série des mois en ligne **2** et la série des magasins en colonne **A**.

	A	B	C	D	E	F	G	H	I
1	INCIDENTS MAGASINS								
2		Janvier	Février	Mars	Avril	Mai	Juin	Total incidents par magasin	Quota par magasin (en %)
3	Magasin 1	12	12	13	12	13	17		
4	Magasin 2	33	37	35	18	35	38		
5	Magasin 3	11	13	17	17	10	13		
6	TOTAL	56	62	65	47	58	68		
7	Répartition mensuelle (en %)								
8									
9		Trimestre 1	Trimestre 2						
10	Nb maximum d'incidents								
11	Nb minimum d'incidents								
12	Nb moyen d'incidents								

- Saisissez les formules de calcul pour les colonnes **H** et **I** et les lignes **6, 7, 10, 11** et **12** en utilisant là encore au maximum la *poignée de recopie incrémentée* pour reproduire vos formules.
- Formatez les résultats en pourcentages avec deux décimales visibles.

Vous devez obtenir le résultat suivant :

	A	B	C	D	E	F	G	H	I
1				INCIDENTS MAGASINS					
2		Janvier	Février	Mars	Avril	Mai	Juin	Total incidents par magasin	Quota par magasin (en %)
3	Magasin 1	12	12	13	12	13	17	79	22,19%
4	Magasin 2	33	37	35	18	35	38	196	55,06%
5	Magasin 3	11	13	17	17	10	13	81	22,75%
6	TOTAL	56	62	65	47	58	68	356	
7	Répartition mensuelle (en %)	15,73%	17,42%	18,26%	13,20%	16,29%	19,10%		
8									
9		Trimestre 1	Trimestre 2						
10	Nb maximum d'incidents	37,00	38,00						
11	Nb minimum d'incidents	11,00	10,00						
12	Nb moyen d'incidents	20,33	19,22						

Nommer les cellules

Les noms de cellules représentent une alternative intéressante aux références absolues. En effet, donner un nom à une cellule et utiliser ce nom dans vos formules vous évitera de jongler avec les $ en cas de recopie.

De plus, une formule vous semblera peut-être plus claire à relire si elle s'écrit **=B6*TVA** plutôt que **=B6*B3**.

Enfin, votre pouvez également définir un nom pour désigner tout un ensemble de cellules, ce qui permettra dans ce cas de faciliter la sélection de l'ensemble (par exemple pour une liste de données).

Pour travailler la fonctionnalité *Noms de cellules*, rouvrez votre classeur **Exercices Références absolues** et créez une nouvelle feuille que vous nommerez **Noms de cellules**. Saisissez le tableau ci-dessous :

	A	B	C	D
1				
2				
3	TVA	20%		
4				
5		Coût HT	TVA	TTC
6	Excel	800		
7	Word	750		
8	PowerPoint	600		
9	OneNote	765		

Nous voulons calculer la TVA dans les cellules de la colonne **C**. Pour effectuer ces calculs, nous avons plusieurs fois besoin de la cellule **B3**, qui est notre constante. Nous allons donc la nommer :

- Sélectionnez la cellule **B3**
- Activez l'onglet *Formules* et dans le groupe *Noms définis*, cliquez sur le bouton *Définir un nom*
- Dans la boite de dialogue *Nouveau nom* qui s'affiche, saisissez le nom de la cellule dans la première zone *Nom :* Le nom saisi doit être **sans espace** (utiliser à la place le soulignement du 8, par exemple **Taux_TVA**)

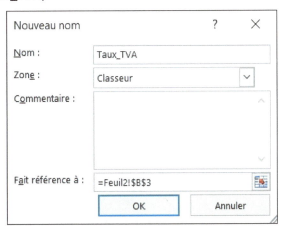

- Validez par *OK.*

  C'est fait, la cellule **B3** s'appelle désormais **Taux_TVA**. Pour le vérifier, cliquez sur **B3** et regardez la *Zone nom* au-dessus de la colonne **A** : la zone doit afficher **Taux_TVA**

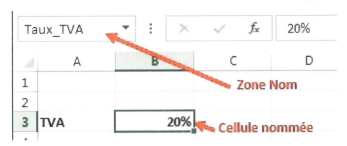

Nous allons maintenant utiliser ce nom de cellule pour effectuer nos calculs en colonne **C** :

- Cliquez en cellule **C6** et saisissez le début de la formule **=B6***
- Poursuivre la formule en cliquant sur la cellule **B3** : c'est le nom et non la référence qui est repris dans la formule ; vous obtenez la formule **=B6*Taux_TVA** :

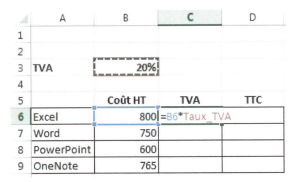

*L'ensemble des noms est visible dans la liste déroulante de la **zone de nom**. Si votre classeur contient beaucoup de feuilles, vous pourrez atteindre directement une cellule en la sélectionnant via cette zone, ce qui vous permettra de gagner du temps*

Pour modifier ou supprimer un nom

- Cliquez sur l'onglet *Formules* puis dans le groupe *Noms définis*, cliquez sur le bouton *Gestionnaire de noms*

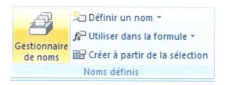

- Sélectionnez le nom de cellule concerné et cliquez sur *Modifier* ou sur *Supprimer*

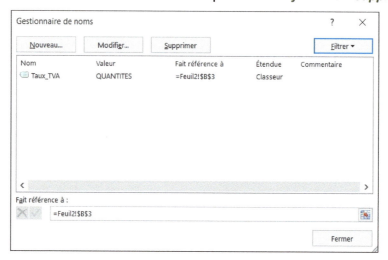

Visualiser et Imprimer les formules dans Excel

Lorsque vous voulez vérifier les formules de vos tableaux sans avoir à les passer en revue une à une dans la barre de formule, Excel vous propose une fonctionnalité permettant d'afficher (et d'imprimer) les formules elles-mêmes au lieu de leur résultat.

Afficher les formules

Pour tester les fonctionnalités qui suivent, rouvrez le classeur **Exercices Références absolues** *et activez par exemple la feuille* **Gourmandises**.

Pour afficher les formules du tableau, activez le bouton *Afficher les formules* 🔣 dans l'onglet *Formules*, groupe *Vérification des formules.*

Lorsque vous activez l'affichage des formules, vos colonnes sont automatiquement élargies. Vous pouvez les réajuster de façon à en réduire certaines et à élargir celles dont les formules ne seraient pas entièrement visibles. Modifiez au besoin l'orientation de la page (portrait => paysage).

Pour revenir à un affichage normal du résultat des formules, désactivez le bouton *Afficher les formules* 🖳.

 *Pour afficher ou masquer rapidement vos formules, vous pouvez également utiliser le raccourci clavier **CTRL** " (contrôle et la touche guillemet).*

	A	B	C	D	E
1	LES GOURMANDISI				
2					TVA :
3	Produits	Prix HT au kg	Quantité	Total HT	0,055
4	Sucre d'orge	3	2,5	=B4*C4	=D4*E3
5	Berlingots	3,4	6	=B5*C5	=D5*E3
6	Caramels	2,9	2	=B6*C6	=D6*E3
7	Chocolats	4	10	=B7*C7	=D7*E3
8	Guimauves	4,4	3	=B8*C8	=D8*E3
9	Total HT			=SOMME(D4:D8)	
10	Total TVA				=SOMME(E4:E8)
11	Total TTC				=D9+E10
12					
13	Nombre de produits :		=NBVAL(A4:A8)		
14	Moyenne des quantités :		=MOYENNE(C4:C8)		

Imprimer les en-têtes des lignes et des colonnes

Si vous choisissez de lancer une impression de votre tableau avec les formules affichées au lieu de leur résultat, il devient utile de pouvoir imprimer également les en-têtes des lignes et des colonnes. Ainsi par exemple, la formule **=B4*C4** sur la feuille imprimée ne peut prendre tout son sens que si l'on peut repérer sur le papier la ligne **4** et les colonnes **B** et **C**.

Pour cela, il vous suffit d'activer l'impression des en-têtes de lignes et de colonnes :

- Dans l'onglet *Mise en page*, groupe *Options de la feuille de calcul*, cochez l'option *Imprimer* sous *En-têtes*

Résultat obtenu à l'impression ou à l'aperçu avant impression :

	A	B	C	D	E
1	LES GOURMANDISES				
2					TVA :
3	Produits	Prix HT au kg	Quantité	Total HT	0,055
4	Sucre d'orge	3	2,5	=B4*C4	=D4*E3
5	Berlingots	3,4	6	=B5*C5	=D5*E3
6	Caramels	2,9	2	=B6*C6	=D6*E3
7	Chocolats	4	10	=B7*C7	=D7*E3
8	Guimauves	4,4	3	=B8*C8	=D8*E3
9	Total HT			=SOMME(D4:D8)	
10	Total TVA				=SOMME(E4:E8)
11	Total TTC				=D9+E10
12					
13	Nombre de produits :		=NBVAL(A4:A8)		
14	Moyenne des quantités :		=MOYENNE(C4:C8)		

A CE POINT DU MANUEL, REALISER DES EXERCICES DE MISE EN APPLICATION POUR VALIDER LES CONNAISSANCES ACQUISES 8

Les graphiques

Définition

Un *graphique* (également appelé *diagramme*) est une représentation visuelle des données d'un tableau. Lorsque vous créez un graphique, vous cherchez généralement à donner une vision immédiate et simplifiée d'une tendance ou d'une répartition.

La création d'un graphique doit donc permettre de faciliter la compréhension des nombres du tableau ; à ce titre, vous devez toujours veiller à ce que votre graphique soit aussi facilement compréhensible que possible. Un bon graphique est un graphique qui parle au premier coup d'œil.

La source du graphique

Avec Excel, un graphique ne peut être créé que sur la base d'un tableau existant. Avant même de vous lancer dans la création de votre premier graphique, il nous faut donc vous assurer que le tableau concerné comporte bien des données susceptibles d'être transformées en graphique. Pour cela, vous devez vérifier que votre tableau :
-   Comporte bien des données comparables les unes aux autres (chiffre d'affaires des différents commerciaux (graphique de comparaison), dépenses sur les six dernières années (graphique d'évolution)…
-   Que la structure du tableau se prête à la création d'un graphique (pas de lignes/colonnes vides, pas de cellules fusionnées, présence de titres de lignes et/ou de colonnes…)

Les différents types de graphique

Si votre tableau se prête bien à la création d'un graphique, il vous faudra décider du meilleur graphique à utiliser. Trois graphiques couvrent la majorité de nos besoins :

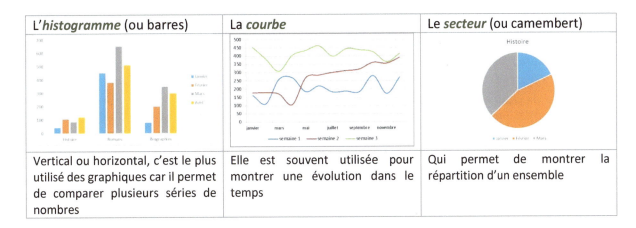

L'*histogramme* (ou barres)	La *courbe*	Le *secteur* (ou camembert)
Vertical ou horizontal, c'est le plus utilisé des graphiques car il permet de comparer plusieurs séries de nombres	Elle est souvent utilisée pour montrer une évolution dans le temps	Qui permet de montrer la répartition d'un ensemble

De nombreux autres types de graphiques existent et sont également disponibles sous Excel, tels que les graphiques *Radars*, les *Aires* ou les *Bulles*, que nous ne développerons pas ici.

Créer un graphique

Créez un nouveau classeur Excel et dans la première feuille, saisissez le tableau ci-dessous :

	A	B	C	D
1	TABLEAU DES VENTES LIBRAIRIE CONCORDE			
2				
3		Histoire	Romans	TOTAL
4	Janvier	42	452	494
5	Février	105	381	486
6	Mars	85	650	735
7	TOTAL	232	1 483	1 715

Enregistrez le classeur dans votre dossier sous le nom **Exercices Graphiques**. Renommez la feuille **Ventes librairie**.

Nous allons vouloir créer un premier graphique représentant les ventes pour chaque type de livre et chaque mois. Il nous faut tout d'abord sélectionner les données à représenter sous forme graphique, c'est-à-dire :

- Les nombres de **B4** à **C6** (nous excluons les totaux, qui ne peuvent être comparés aux chiffres détails)
- Les libellés des lignes (**A4** à **A6**) et des colonnes (**B3** à **C3**), indispensables pour expliciter les nombres du graphique (les libellés serviront à la création de l'axe horizontal et de la légende)

Vous devez donc sélectionner la plage **A4** à **C6**. Nous pouvons maintenant créer notre graphique :

- Cliquez sur l'onglet *Insertion*
- Dans le groupe *Graphiques*, cliquez sur le bouton *Graphiques recommandés*
- Dans la fenêtre qui s'affiche, sélectionnez le graphique dans la colonne de gauche de l'onglet *Graphiques recommandés* ou utilisez l'onglet *Tous les graphiques* pour un choix plus large
  Dans notre cas, sélectionnez le premier graphique *Histogramme groupé* dans l'onglet *Graphiques recommandés*

- Validez par OK

C'est fait, le graphique est créé. Par défaut, Excel le place sur la feuille contenant le tableau. Il s'agit d'un objet indépendant des colonnes ou des lignes, qui « flotte » sur la feuille de données.

A l'intérieur de la zone du graphique, les barres de couleur représentent les données chiffrées que nous avions sélectionnées. La légende, affichée par défaut sous le graphique, reprend les titres des colonnes (Histoire et Romans) ; l'axe horizontal reprend les titres des lignes (Janvier à Mars) ; l'axe vertical s'est créé quant à lui sur une échelle qui est fonction des nombres sélectionnés.

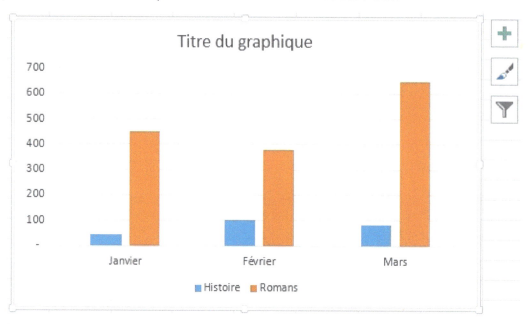

Par ailleurs, trois icônes à droite du graphique vous permettent d'y ajouter des éléments ou de le personnaliser.

De plus, si vous regardez vous ruban (en veillant bien à garder votre graphique sélectionné), deux nouveaux onglets ont fait leur apparition : les onglets contextuels **Création** et **Format**. Vous trouverez également dans ces onglets les outils qui vous permettront de retravailler votre graphique.

Nous découvrirons ces différents outils en détail durant les manipulations qui vont suivre.

Déplacer un graphique

Pour déplacer un graphique sur la même feuille, procédez comme suit :

- Visez le trait marquant le contour du graphique et cliquez-glissez pour déplacer la zone du graphique dans la direction voulue

 Pour mieux vous représenter la position du graphique dans la page imprimée, n'hésitez pas à vous faire aider :
- *Si ce n'est déjà fait, et afin qu'Excel vous affiche les limites de la page imprimée et l'emplacement des sauts de page, cliquez sur une cellule de la feuille en dehors du graphique et lancez un **aperçu avant impression***

- *Annulez l'impression et cliquez sur une cellule de la feuille avant de diminuer autant que nécessaire le zoom d'affichage (diminuer par exemple à 50%) avant de commencer à déplacer votre graphique sur la feuille*

S'il s'agit de déplacer le graphique sur une autre feuille du classeur, procédez comme suit :

- Cliquez sur le graphique
- Dans l'onglet contextuel **Création**, cliquez sur le bouton **Déplacer le graphique**
- La fenêtre ci-dessous s'affiche à l'écran

- Si vous souhaitez déplacer votre graphique sur une nouvelle feuille qui ne contiendra que votre graphique en grand format, sélectionnez l'option **Nouvelle feuille**, effacez **Graphique 1** et saisissez un nom pour la nouvelle feuille qui va s'ajouter au classeur
- Si vous souhaitez déplacer votre graphique en tant qu'objet sur une autre feuille existante de votre classeur, déroulez la zone **Objet dans** et sélectionnez la feuille concernée

Redimensionner le graphique

La taille de la zone globale du graphique est automatiquement décidée par Excel et peut ne pas vous convenir. Lorsque vous redimensionner la zone de graphique, tous les éléments qu'elle contient sont automatiquement ajustés.

Deux méthodes existent pour modifier la taille d'un graphique :

Redimensionner le graphique par l'onglet Format

- Cliquez une fois sur le graphique pour le sélectionner
- Activez l'onglet contextuel **Format** et utilisez les zones **Hauteur de la forme** et **Largeur de la forme** du groupe **Taille** pour modifier la taille du graphique à 6 cm de hauteur sur 10 de largeur.

Redimensionner le graphique par les poignées de redimensionnement

Si vous ne souhaitez pas donner à votre graphique une taille exacte, vous pouvez utiliser les poignées de redimensionnement affichées directement sur la zone du graphique :

- Cliquez une fois sur le graphique pour le sélectionner
- Visez avec votre souris l'une des 8 poignées en forme de carré blanc affichées aux angles et sur les côtés du graphique ; nous voulons redimensionner en même temps en hauteur et en largeur, nous devons donc viser l'une des poignées d'angle, par exemple celle au coin inférieur droit
- Lorsque votre pointeur prend la forme d'une double flèche blanche ⬉ , cliquez-glissez pour redimensionner le graphique ; nous voulons ragrandir légèrement le graphique, nous allons donc cliquer-glisser en diagonale vers le bas et vers la droite

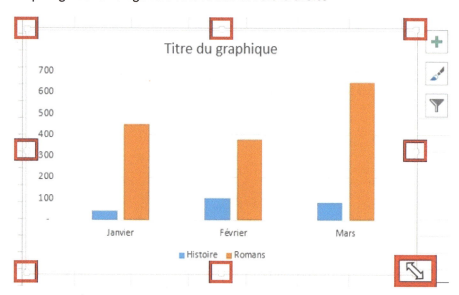

Supprimer un graphique

Finalement, nous voulons supprimer ce premier graphique, qui ne nous convient pas :

- Cliquez sur le trait marquant le contour du graphique pour sélectionner le graphique lui-même (et non l'un de ses éléments)
- Appuyez tout simplement sur la touche *Suppr* du clavier.

EXERCICE

Recréez exactement le même graphique de type *Histogramme groupé*, que vous laisserez sur la feuille **Ventes librairie** en tant qu'objet.

Modifiez sa taille pour lui donner 8 cm de hauteur et 14 cm de largeur.

Déplacez-le en-dessous du tableau.

Identifier les principaux éléments d'un graphique

Avant d'aller plus loin avec les graphiques, un peu de théorie s'impose. Commençons par le vocabulaire des principaux éléments d'un graphique :

- **Axe horizontal** : également appelé axe des abscisses, cet axe sera créé en utilisant les titres des lignes ou des colonnes

- **Axe vertical** : également appelé axe des ordonnées ; l'échelle de nombres de cet axe sera automatiquement créée en fonction des nombres du tableau

- **Série de données** : groupe de valeurs rangées dans une ligne ou une colonne (par exemple, les chiffres concernant les Romans constituent une série)

- **Point de données** : valeur individuelle d'une série de données (par exemple, le chiffre de Février pour la série Romans constitue un point de données)

- **Zone de traçage** : zone dans laquelle les données du graphique sont représentées, hors titres et légende

- **Zone de graphique** : zone globale contenant le graphique, la légende, les titres…

- **Légende** : zone dans laquelle sont indiqués les noms des séries de données et les couleurs qui y sont associées

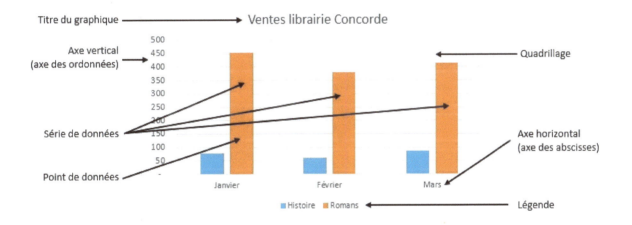

 Contrairement à la plupart des autres types de graphiques (colonnes, courbes…), un secteur ne dispose d'aucun axe. Par ailleurs, un secteur ne peut montrer qu'une seule série de chiffres. Il faut donc créer plusieurs secteurs pour comparer plusieurs séries de données (dans notre cas 2).

EXERCICE

Créez un graphique de type *Secteur* pour afficher la répartition des ventes des livres d'histoire sur janvier, février et mars. Déplacez le graphique pour le positionner seul sur une nouvelle feuille nommée **Ventes Histoire T1**.

Vous devez obtenir le résultat suivant :

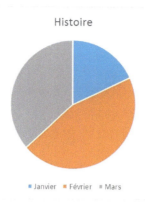

Histoire

Réalisez un second graphique secteur pour représenter les ventes des Romans sur janvier, février et mars (pour rappel, la touche *Ctrl* du clavier vous permet de sélectionner une seconde plage de cellules). Positionnez également ce graphique sur une nouvelle feuille que vous nommerez **Ventes Romans T1**.

Vous devez obtenir le résultat suivant :

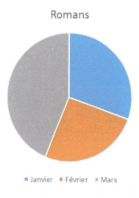

Romans

Créez un troisième graphique de type *Histogramme empilé* pour comparer deux séries Histoire et Romans sur janvier, février et mars. Laissez ce graphique sur la même feuille que le tableau mais faites-le glisser de façon à le positionner en-dessous du premier graphique *Histogramme groupé*.

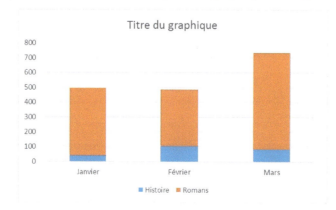

Personnaliser un graphique

Ajouter un élément au graphique

Différents types d'informations peuvent être facilement rajoutés (ou enlevés) à votre graphique après sa création : les titres des axes horizontal et vertical, le quadrillage, les étiquettes de données…

Pour ajouter ou supprimer un élément au graphique, procédez comme suit :

- Cliquez sur le graphique *Histogramme empilé* que vous venez de créer durant l'exercice

- Cliquez sur le symbole *Eléments de graphique* ➕ affiché à droite de la zone du graphique

- Activez/désactivez les différentes options proposées

Imaginons par exemple que nous voulions rajouter des titres à nos deux axes :

- Cliquez sur le symbole ➕ puis cochez *Titres des axes*

- Visez la flèche en regard de la ligne et vérifiez que les deux options *Horizontal principal* et *Vertical principal* sont bien cochées

- Cliquez dans chaque zone de titre ajoutées au graphique et saisissez le texte des titres, y compris la zone de titre du graphique affichée par défaut au-dessus du graphique (voir ci-dessous)

    Vous pouvez saisir votre texte soit directement dans la zone de titre, soit dans la barre de formule (dans ce second cas, n'oubliez pas de valider à la fin de votre saisie)

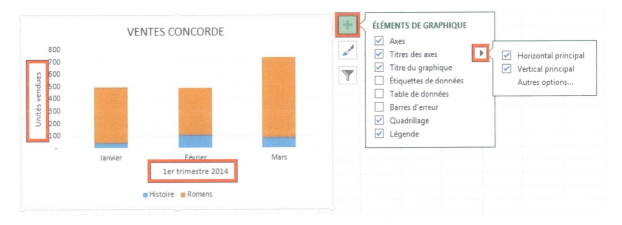

Imaginons maintenant que nous voulions rajouter des *étiquettes de données* ; les étiquettes peuvent par exemple afficher les nombres directement sur les séries.

- Sélectionnez la série à laquelle vous souhaitez rajouter des étiquettes ; en ce qui nous concerne, cliquez sur une des barres orange pour sélectionner la série **Romans**

- Cliquez sur le symbole ➕ puis cochez *Etiquettes de données*

- Visez la flèche en regard de la ligne et modifiez la position des étiquettes en cliquant sur *Bord intérieur*

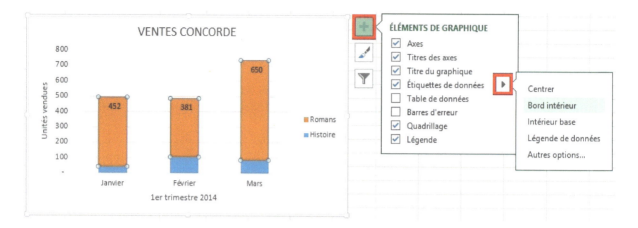

 Pour ajouter des étiquettes à toutes les séries du graphique, cliquez sur la zone du graphique avant d'ajouter les étiquettes.

*Pour ajouter une étiquette à un seul point de données (par exemple la barre **mars** des **romans**), cliquez une fois sur la barre (toute la série se sélectionne) puis cliquez une autre fois sur la barre (seul le point de donnée reste sélectionné) avant d'ajouter les étiquettes.*

A noter que les étiquettes sont le plus souvent ajoutées aux graphiques de type *Secteur*, sous forme de **pourcentages** indiquant la répartition des données :

- Sélectionnez la feuille **Ventes Histoire T1** sur laquelle vous avez précédemment créé votre premier graphique de type *Secteur*

- Cliquez sur le symbole ➕ puis cochez *Étiquettes de données* ; les valeurs s'ajoutent au graphique mais nous préférons voir la répartition en pourcentage :

- Visez la flèche en regard de la ligne *Étiquettes de données* et cliquez sur *Autres options*

- Dans le volet qui s'affiche à droite de la fenêtre Excel, effectuez les réglages suivants :
  - ○ Cochez l'option *Pourcentage* : la répartition en % de la série s'ajoute au graphique
  - ○ Nous ne voulons voir que les pourcentages : décochez l'option *Valeur* pour masquer les nombres
  - ○ Cochez l'option *Nom de la catégorie* pour ajouter les titres de la série directement sur le graphique (nous pourrons ainsi masquer la légende qui devient superflue)
  - ○ Cochez l'option *Centre* sous *Position de l'étiquette*

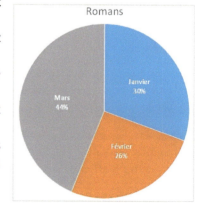

- Utilisez l'onglet *Accueil* pour mettre en forme les étiquettes (gras, taille 18 et couleur blanche)

- Utilisez le symbole ➕ du graphique et la ligne *Légende* pour masquer la légende devenue inutile

Excel vous offre des dispositions de graphique préétablies pour vous aider à positionner rapidement les étiquettes, les titres, la légende… :

- *Activez l'onglet contextuel **Création***
- *Déroulez le bouton **Disposition rapide** et sélectionnez la disposition désirée*

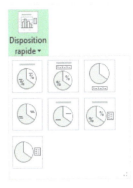

Revenez à la feuille **Ventes librairie** précédemment créée pour poursuivre les manipulations.

Sur notre graphique *Histogramme*, nous voulons maintenant masquer le quadrillage et repositionner la légende :

- Cliquez sur le symbole ➕ puis décochez *Quadrillage*

- Visez la flèche en regard de la ligne *Légende* et choisissez sa position dans la zone du graphique (par exemple en haut du graphique)

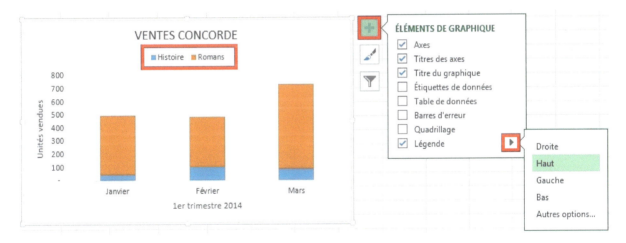

Modifier la mise en forme du graphique

<u>Choisir</u> *un style prédéfini*

Lorsque vous créez un graphique, une mise en forme par défaut est appliquée avec ses couleurs (bleu pour la première série, orange pour la seconde…). Vous pouvez tout à fait choisir un autre style de mise en forme :

- Cliquez sur le graphique

- Cliquez sur le symbole *Styles* 🖌 affiché à droite de la zone du graphique

- Utilisez l'onglet *Styles* pour modifier la présentation du graphique

- Utilisez l'onglet *Couleurs* pour modifier le jeu de couleurs utilisé sur les séries du graphique

Pour choisir librement la couleur d'une série, il vous faudra procéder différemment :

- Sélectionnez la série à laquelle vous souhaitez rajouter des étiquettes ; en ce qui nous concerne, cliquez sur une des barres de la série **Romans**
- Dans l'onglet contextuel *Format*, déroulez le bouton *Remplissage*
- Cliquez sur une des couleurs du thème ou sur *Autres couleurs de remplissage* pour un choix plus large ; vous pouvez également, après avoir choisi votre couleur, ajouter un effet de dégradé

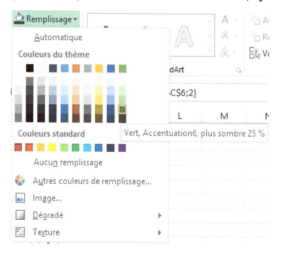

Vous pouvez également utiliser le *Volet Office* pour formater vos séries :

- Cliquez droit sur une série puis cliquez sur *Mettre en forme une série de données*
- Dans le *Volet Office* qui s'affiche à droite de la fenêtre, cliquez sur le bouton *Remplissage et ligne*
- Choisissez la couleur et les options voulues

Les onglets contextuels de graphiques

Comme nous l'avons déjà évoqué, deux onglets contextuels s'affichent sitôt qu'un graphique est sélectionné : les onglets *Création* et *Format*.

L'onglet Création

Vous retrouverez dans cet onglet certains des outils que nous avons déjà découverts, tels que les *Dispositions rapides* ou les **Styles de graphique**.

Vous y trouverez également d'autres outils complémentaires concernant l'ensemble du graphique, tel que le bouton *Intervertir les données* (inversion de l'axe horizontal et de l'axe vertical) ou le bouton *Sélectionner des données* qui vous permet de modifier la source du graphique (fenêtre ci-dessous).

A noter que les boutons Ajouter, Modifier et Supprimer permettent respectivement d'ajouter des séries au graphique, et de modifier ou de supprimer une série existante

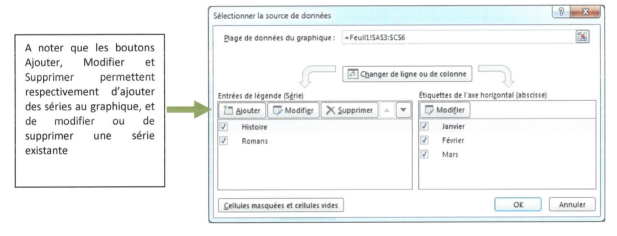

L'onglet Format

L'onglet *Format* est moins « généraliste » que l'onglet *Création* et vous permettra plutôt d'intervenir sur un élément précis du graphique ou d'y ajouter des objets indépendants, tels que des flèches ou du texte libre.

Nous voulons par exemple ajouter une flèche rouge pointant sur le plus petit chiffre du graphique :

- Cliquer sur le graphique et activer l'onglet *Format*
- Dans le groupe *Insérer des formes*, cliquez sur le bouton *Autres* ⏷ pour afficher davantage de formes et cliquez une fois sur l'outil *Flèche gauche* ⇦ pour l'activer
- Visez un endroit vide de votre graphique et cliquez-glissez pour tracer la flèche (ne relâchez le bouton de la souris que lorsque la flèche est plus ou moins de la taille souhaitée, voir modèle ci-dessous)
- Faites glisser votre flèche pour la placer en regard du plus faible point de données (janvier)
- Utilisez le bouton ⟳ qui s'affiche juste au-dessus de la flèche pour la faire pivoter légèrement

- Dans l'onglet *Format*, groupe *Styles de forme*, déroulez le bouton *Remplissage* et choisissez la couleur rouge ; déroulez également le bouton *Contour* pour choisir la même couleur

Exercice

Rouvrez si nécessaire votre classeur Exercices Graphiques et créez le tableau ci-dessous dans une nouvelle feuille que vous nommerez **EVOLUTION EUROPE**.

	A	B	C	D	E	F	G	H
1		**EVOLUTION MOYENNE EUROPE**						
2								
3		**Année 2009**	**Année 2010**	**Année 2011**	**Année 2012**	**Année 2013**	**Année 2014**	**TOTAL**
4	Italie	40	46	38	54	48	44	270
5	Portugal	6	13	9	15	10	11	64
6	Grèce	12	25	18	29	32	36	152
7	**TOTAL**	58	84	65	98	90	91	486

Reproduisez les graphiques suivants en réfléchissant bien au choix des cellules à sélectionner.

Exercice n°1 **Graphique représentant l'évolution de 2009 à 2014** Type de graphique : Courbe Disposition rapide : Mise en forme 3 Titre : Evolution Europe Style du graphique : Style n°2 Changer la couleur de la série Italie (couleur de remplissage des marques et couleur du trait) Positionner le graphique en-dessous du tableau et les imprimer sur la même page	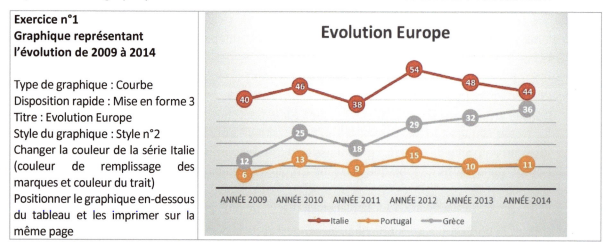

Exercice n°2 **Graphique indiquant la répartition par pays en % de 2009 à 2014** Type de graphique : Histogramme empilé 100% Couleur : jeu de couleur n° 3 Disposition rapide : Mise en forme 5 Titre du graphique : Répartition Europe Style du graphique : Style n°8 Supprimer le titre de l'axe vertical Positionner le graphique sur une nouvelle feuille séparée	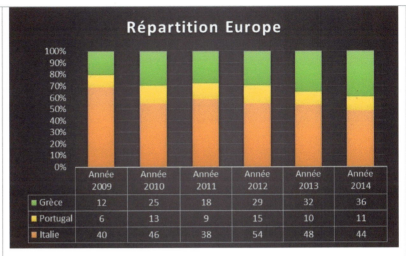
Exercice n°3 **Graphique indiquant la répartition par pays toutes années confondues** Type de graphique : Secteur 3D Couleur : jeu de couleur n° 13 Titre du graphique : Répartition Europe 2009-2014 Style du graphique : Style n°8 Options d'étiquettes : Nom de catégorie et Pourcentage Positionner le graphique en-dessous du premier graphique Faire en sorte que les deux graphiques aient la même taille	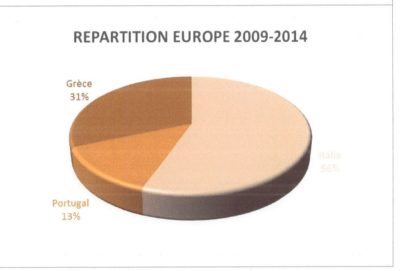

A CE POINT DU MANUEL, REALISER DES EXERCICES DE MISE EN APPLICATION POUR VALIDER LES CONNAISSANCES ACQUISES (14)

Aller plus loin avec les graphiques

Pour effectuer les manipulations qui suivent, revenez à la feuille **Ventes librairie** de votre fichier **Exercices Graphiques**. Créez le graphique *Histogramme 3D groupé* suivant :

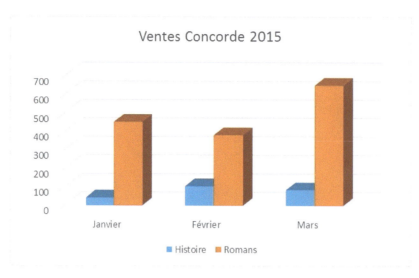

Ventes Concorde 2015

Nous allons maintenant transformer les séries de notre histogramme pour lui donner un aspect différent.

Modifier la forme d'histogramme (cylindres, pyramides)

- Cliquez sur une des barres de la série **Histoire**
- Dans l'onglet contextuel *Format*, cliquez sur le bouton *Mise en forme de la sélection*
- Dans le volet qui s'affiche à droite de l'écran, sélectionnez la forme d'histogramme *Cylindre*
- Sélectionnez également la série **Roman** et changez-la également en cylindres

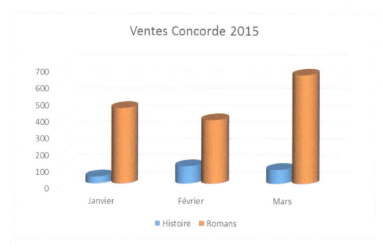

Ventes Concorde 2015

Modifier rapidement la source du graphique

Notre tableau ne comporte que les données du premier trimestre. Nous voudrions maintenant ajouter les chiffres du mois d'avril… et bien sûr, le graphique *Histogramme cylindres* que nous venons de créer devra également représenter cette nouvelle série.

Commencez par ajouter les chiffres du mois d'avril à votre tableau tels qu'ils figurent ci-dessous :

	A	B	C	D
1	TABLEAU DES VENTES LIBRAIRIE CONCORDE			
2				
3		Histoire	Romans	TOTAL
4	Janvier	42	452	494
5	Février	105	381	486
6	Mars	85	650	735
7	Avril	120	510	600
8	TOTAL	352	1993	2315

Comment faire pour que le graphique **Ventes Concorde 2015** tienne compte de cette nouvelle série ? Rien de plus facile, en fait :

- Cliquer à un endroit vide sur le fond du graphique pour le sélectionner

- Le tableau source du graphique change d'aspect et indique par des traits de couleur les cellules utilisées comme source du graphique

	Histoire	Romans	TOTAL
Janvier	42	452	494
Février	105	381	486
Mars	85	650	735
Avril	120	510	600
TOTAL	352	1993	2315

- Visez la petite poignée en bas à droite de la sélection et cliquez-glissez vers le bas pour inclure la série Avril : elle s'ajoute instantanément au graphique

	Histoire	Romans	TOTAL
Janvier	42	452	494
Février	105	381	486
Mars	85	650	735
Avril	120	510	600
TOTAL	352	1993	2315

Exercice

Ajouter les données **Biographies** figurant sur le tableau ci-dessous et incluez-les à votre graphique. Transformez la nouvelle série en cylindres.

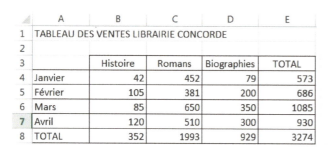

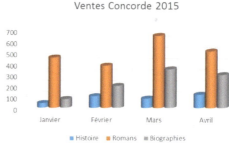

	A	B	C	D	E
1	TABLEAU DES VENTES LIBRAIRIE CONCORDE				
2					
3		Histoire	Romans	Biographies	TOTAL
4	Janvier	42	452	79	573
5	Février	105	381	200	686
6	Mars	85	650	350	1085
7	Avril	120	510	300	930
8	TOTAL	352	1993	929	3274

Modifier l'échelle de l'axe des abscisses

L'échelle de l'axe vertical de notre graphique Histogramme a été automatiquement calculée par Excel en tenant compte des nombres du tableau. Ainsi, puisque les chiffres se situent entre 42 et 650, Excel a automatiquement généré une échelle allant de 0 à 700 avec des graduations de 100 en 100.

Vous pouvez cependant modifier cette échelle, soit pour changer l'intervalle entre les nombres, soit pour modifier les valeurs minimum et maximum de l'axe.

Par exemple, nous préfèrerions que l'échelle monte jusqu'à la valeur 1000 avec une graduation de 250 en 250. Voici comment procéder :

- Cliquez sur un des nombres de l'axe vertical pour sélectionner l'axe
- Dans l'onglet contextuel *Format*, cliquez sur *Mise en forme de la sélection*.
- Dans le volet qui s'affiche à droite de l'écran, effectuez les modifications suivantes :
  - dans la zone *Maximum* sous *Limites*, saisissez **1000**
  - dans la zone *Principale* sous *Unités*, saisissez **250**

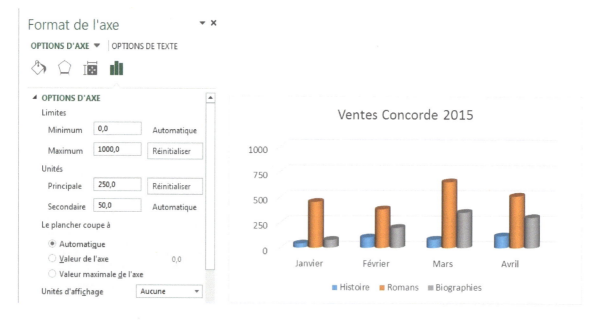

Modifier la vue 3 D

Dans un graphique en 3 dimensions (3D) tel que celui que nous sommes en train de travailler, vous pouvez modifier l'angle sous lequel le graphique est visualisé et contrôler la perspective.

- Cliquez sur un endroit vide du fond du graphique pour sélectionner la zone du graphique
- Dans l'onglet contextuel *Format*, cliquez sur *Mise en forme de la sélection*
- Dans le volet qui s'affiche à droite de l'écran, cliquez sur le bouton ⬠ pour accéder aux options d'effets
- Dans la rubrique *Rotation 3D*, changez la valeur en **60°** dans la zone *Rotation X* et en **30°** dans la zone *Rotation Y*
- Utiliser les boutons-flèches pour modifier les valeurs de la zone *Rotation* ou *Perspective*

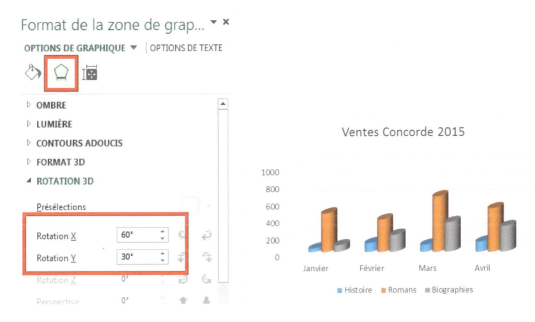

Modifier un point de données d'une série

Nous voulons à présent signaler en rouge la valeur la plus faible et en vert la valeur la plus haute. Cette fois, plutôt que d'ajouter une flèche comme précédemment dans ce manuel, nous allons changer la couleur d'un point de données bien précis. Commençons par la valeur la plus faible, à savoir Janvier de la série Histoire :

- Cliquez une fois sur le cylindre bleu représentant **Janvier** de la série **Histoire** (la série **Histoire** toute entière se sélectionne) ; cliquez à nouveau une fois sur le cylindre **Janvier** pour que seul le point **Janvier** soit sélectionné
- Dans l'onglet contextuel *Format*, cliquez sur le bouton *Remplissage* et choisissez la couleur rouge
- Recommencez l'opération pour la valeur la plus haute, que nous voulons mettre en vert (il s'agit du chiffre de **Mars** pour la série **Romans**)
  Vous devez obtenir le résultat suivant :

Ventes Concorde 2015

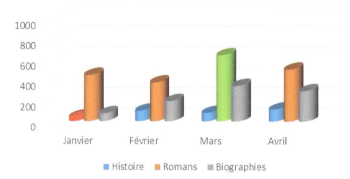

Les options d'enregistrement

 Le format d'enregistrement des fichiers

Changer le format d'enregistrement du fichier

Par défaut, Excel enregistre tous les fichiers créés au format 2013 ou 2016. Ce format (appelé *XML* pour être précis) n'est pas compatible avec l'ancien format utilisé par les versions d'Excel antérieures à la version 2007, à savoir les versions 97 à 2003.

Un problème peut donc se poser si vous partagez votre classeur avec une personne ne disposant pas d'une version récente d'Excel (imaginons un client à qui vous souhaitez envoyer votre fichier par messagerie).

Heureusement, vous pouvez créer une copie de votre fichier dans l'ancien format d'enregistrement avant de le partager :

- Dans l'onglet *Fichier*, cliquez sur la rubrique *Exporter* puis sur *Modifier le type de fichier*

- Dans la partie droite de la fenêtre, double-cliquez sur *Classeur Excel 97-2003*

- Dans la fenêtre *Enregistrer sous* qui s'ouvre à l'écran, changez si nécessaire le nom et/ou l'emplacement du nouveau fichier avant de valider.

 Si vous vérifiez dans la zone **Type** *dans la fenêtre* **Enregistrer sous***, vous remarquerez que le format indiqué est bien* Type : Classeur Excel 97 - 2003 *; à titre indicatif, vous pouvez tout à fait modifier le format directement dans cette fenêtre par la commande* **Enregistrer sous***.*

Changer le format d'enregistrement par défaut

Si vous travaillez le plus souvent avec des personnes qui ne disposent pas de la dernière version d'Excel, peut-être serait-il judicieux de demander à ce qu'Excel enregistre <u>systématiquement</u> les nouveaux fichiers que vous créez à l'ancien format 97-2003.

C'est possible, il faut dans ce cas changer le format d'enregistrement *par défaut* :

- Dans l'onglet *Fichier*, cliquez sur le bouton *Options* ou sur le bouton *Options Excel*.
- Cliquez sur la rubrique *Enregistrement* puis choisissez le format *Classeur Excel 97-2003* dans la liste déroulante de la zone *Enregistrer les fichiers au format suivant :*

Enregistrer les classeurs

Enregistrer les fichiers au format suivant : | Classeur Excel 97 - 2003   ▼ |

 Convertir un ancien fichier au nouveau format

Lorsque vous ouvrez un fichier enregistré dans l'ancienne version 97-2003, Excel vous l'indique dans la barre de titre de votre classeur en ajoutant la mention *[Mode de compatibilité]* après le nom du fichier. Vous pouvez bien sûr convertir votre fichier dans la nouvelle version d'Excel. Pour ce faire, procédez comme suit :

- Dans l'onglet *Fichier*, cliquez sur la rubrique *Informations* puis sur le bouton *Convertir*

- Au message d'Excel qui s'affiche, cliquez sur *OK*.

 Modifier le dossier d'enregistrement par défaut

Lorsque vous enregistrez un nouveau classeur ou demandez l'ouverture d'un classeur existant, Excel vous propose systématiquement le même dossier, généralement *Documents* ou *Mes documents*. Si vous changez systématiquement ce dossier à chaque ouverture ou enregistrement, peut-être serait-il intéressant de modifier votre dossier par défaut.

- Dans l'onglet *Fichier*, cliquez sur le bouton *Options*.
- Cliquez sur la rubrique *Enregistrement* puis cliquez sur le bouton *Parcourir* à droite de la *zone Dossier par défaut* pour choisir votre nouveau dossier d'enregistrement par défaut.

Dossier par défaut :   C:\Users\Janine\Documents\   Parcourir...

Marquer le fichier comme final

L'option *Marquer comme final* est une protection très simple à mettre en place mais également très simple à retirer. Cette option vous permet simplement d'indiquer que le fichier ne devrait normalement être considéré comme final et donc ne plus être modifié.

Ce peut être par exemple dans le cas d'un contrat signé ou d'une facture envoyée, qui ne devraient donc normalement plus faire l'objet de nouvelles modifications.

- Dans l'onglet *Fichier*, cliquez sur *Informations* dans la colonne de gauche
- Cliquez sur le bouton *Protéger le classeur*

Dans la liste qui s'affiche, cliquez sur *Marquer comme final*.

Merci de votre attention

Méthodes d'apprentissage disponibles

Ces méthodes sont disponibles sur le site www.amazon.fr. Vous pouvez accéder à la liste de nos ouvrages en saisissant le nom de l'auteur ou le code ISBN dans la zone de recherche du site.

Word
Initiation
2013 – 2016
ISBN 1537021672

Word
Maîtrise
2013 - 2016
ISBN 1985089793

Excel
Initiation
2013 – 2016
ISBN 1985014653

Excel
Maîtrise
2013 – 2016
ISBN 1986641252

Excel
Fonctions &
Fonctionnalités
avancées
2007 – 2010
ISBN 1484010817

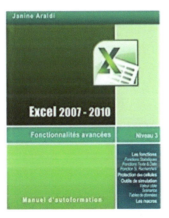

PowerPoint
Initiation
2013 – 2016
ISBN 1537015435

www.ingramcontent.com/pod-product-compliance
Lightning Source LLC
LaVergne TN
LVHW071522070326
832902LV00002B/41